Maixiang Ganlanxing Fenpei Geju

Pinfu Fenhua de Cedu ji Chengyin Tantao

迈向橄榄型
分配格局

贫富分化的测度及成因探讨

黄潇 著

中国财经出版传媒集团

经济科学出版社
Economic Science Press

图书在版编目（CIP）数据

迈向橄榄型分配格局：贫富分化的测度及成因探讨／
黄潇著 . —北京：经济科学出版社，2016.8
ISBN 978 - 7 - 5141 - 7123 - 5

Ⅰ. ①迈…　Ⅱ. ①黄…　Ⅲ. ①贫富差距 - 研究 - 中国
Ⅳ. ①F126.2

中国版本图书馆 CIP 数据核字（2016）第 168303 号

责任编辑：周国强
责任校对：王肖楠
责任印制：邱　天

迈向橄榄型分配格局
——贫富分化的测度及成因探讨
黄　潇　著
经济科学出版社出版、发行　新华书店经销
社址：北京市海淀区阜成路甲 28 号　邮编：100142
总编部电话：010 - 88191217　发行部电话：010 - 88191522
网址：www. esp. com. cn
电子邮件：esp@ esp. com. cn
天猫网店：经济科学出版社旗舰店
网址：http://jjkxcbs. tmall. com
北京中科印刷有限公司印装
710×1000　16 开　9.75 印张　200000 字
2016 年 8 月第 1 版　2016 年 8 月第 1 次印刷
ISBN 978 - 7 - 5141 - 7123 - 5　定价：48.00 元
（图书出现印装问题，本社负责调换。电话：010 - 88191502）
（版权所有　侵权必究　举报电话：010 - 88191586
电子邮箱：dbts@ esp. com. cn）

　　本书得到重庆工商大学成渝经济区城市群产业发展协同创新中心的资助，特此感谢。

摘　　要

　　当前，我国收入分配差距总体较大，贫富两极分化的趋势并未得到有效缓解。深刻理解我国收入阶层的变化特征，是缓解贫富分化的前提，而收入流动正是分析这一问题的独特视角和有效工具。收入流动反映出不同时期内个体收入排序（或阶层）的变化，如果收入流动较为充分，即使个体初始收入排序较低，也能以较高概率实现收入排序上的"晋升"，体现出机会公平的特征。近年来，我国微观调查数据的逐渐丰富，为基于收入流动视角来系统考察贫富分化问题，提供了不可多得的实证样本。本书正是基于上述考虑，采用现代计量经济方法对收入极化效应、代内收入流动性、代际收入流动性以及收入流动的福利效应进行测度，以此系统揭示我国贫富分化总体状况及其形成过程，并在此基础上进一步对引致原因进行了深入探讨。

　　通过研究，得到以下主要结论：①反映贫富分化程度的极化指数，在2003～2008年间呈现出两端高、中间低的U型特征，总体仍保持在较高水平，说明贫富两极分化明显；教育、住房等表征人力资本、物质资本对贫富分化的形成有显著影响。②代内收入流动性反映出同代内收入排序（阶层）的变化情况，适用于相对短期的分析。就代内收入流动性而言，除了20世纪90年代有过短暂上升，总体上收入流动性都在降低，并在近期呈现出加速下降趋势。低收入阶层尽管对整体收入流动的贡献度最大，但大都是在中低收入阶层内部变动，存在着"天花板"限制，易引致阶层固化和两极分化，形成"贫者越贫、富者越富"的马太效应。③代际收入流动性反映出两代人的收入相关度，更能体现出长期特征。相对非贫困群体而言，贫困群体的代际收入弹性为其1.6倍，且父代贫困引致子代贫困的概率达60%，体现出明显的贫困代际传递特性。代际收入传递机制中，人力资本被证明是最有效的；而作为农户收入之源的土地，对农村子代收入反而有了负面影响，成为引致贫困代际传递的因素；并且，贫困群体社会资本的匮乏，也构成引致贫困代际传递的关键原因。④收入流动的社会福利效应回答了收入流动是"亲贫"还是"亲富"，尽管2000～2009年期间的收入流动要低于1991～2000年，但2000～2009年期间的福利指标数值更高，说明2000～2009年期间的收入流动相对更"亲贫"，也意味着1991～2000年期间的高收入流动正对应着贫富分化加速形成阶段。

本书的主要特色在于以下三个方面：①基于收入流动视角的系统性探讨。从代内收入流动、代际收入流动、极化效应、收入流动的社会福利效应这四个维度来揭示我国的贫富分化程度，有助于从长期和短期、静态和动态的辩证视角了解我国现阶段的贫富分化状况。②注重现代计量分析方法与中国数据的结合运用。采用极化指数对贫富分化的测度、对代内收入流动稳健性测度并按阶层分解、贫困代际传递按要素分解、收入福利效应的测度，上述定量分析方法的采用丰富了该领域的研究内容。③对贫富分化形成机制的实证检验。采用了Mlogit、两步法等分析方法，从人力资本、物质资本、政治身份、父辈遗传、区域差异等视角，使得贫富分化及传递的深层次原因更加清晰地呈现出来，为该领域的研究提供了一个较为系统且详细的国别例证。

最后，就政策建议而言，重点在于以机会公平为导向制定公共福利政策，以条件公平为导向制定财税再分配政策，以新型城镇化为契机缩小城乡收入差距，以及以市场化为核心缩小行业收入差距。

目　录
CONTENTS

第1章　绪　　论

1.1　选题背景

有关我国的收入分配差距问题，一直是学术界研究的热点，也是发展经济学关注的关键问题。根据 2014 年国家统计局公布的收入基尼系数，我国的数值处于 0.469；而来自中国家庭金融调查的数据表明，中国的基尼系数达到了 0.61，后者明显高于前者。尽管学术界对此存在争论，但都达成一个共识，即我国收入基尼系数已超过 0.4 的警戒线水平，说明我国收入分配差距已经到了一个比较大的程度。为此，许多学者展开了深入的研究，以探寻我国收入分配差距形成的原因以及治理对策。

从我国收入分配状况的演变来看，一个值得关注的现象在于贫富分化的加剧。那么，何谓贫富分化呢，它与收入分配有何种联系？贫富分化是指高低收入群体收入水平差异扩大的现象，由于收入分布的均衡与否对最高和最低收入群体的状况非常敏感，因此贫富分化对收入分配差距的贡献度较大；在一个收入分配差距较大的社会里，中等收入者比重较低且贫富分化程度较深。根据瑞士信贷在 2014 年发布的《全球财富报告》，发展中国家内部的财富分配两极分化较为严重，这一现象在 2008 年金融危机以后更为加重；中国 10% 的人口掌握的财富占到了社会财富总量的 66.4%，这一比例较 2000 年上升了 15.4 个百分点[①]。2013 年，由北京大学中国社会科学调查中心出版的《中国民生发展报告 2013》中，也对中国居民家庭收入分配状况进行了描述，其认为，总体上家庭的两极分化较为严重，处于收入最顶层的 5% 的家庭，获得了全部家庭总收入的 23.4%，说明财富向富人集聚的态势非常明显[②]。不难看到，一方面，在整体经济增长的环境下，家庭收入普遍增长，城乡收入差距虽大但呈现出下降趋势；另一方面，高收入阶层的财富积聚速度要快

---

① 数据来源：http://news.sina.com.cn/zl/zatan/2014 - 11 - 06/14072583.shtml，2014 - 11 - 6，2015 - 6 - 6.

② 数据来源于北京大学中国社会科学调查研究中心发布的《中国民生发展报告 2013》。

于低收入群体，低收入阶层增收困难，贫富分化的两极特征越来越明显。因起点、机会和过程的不公平所造成的收入差距，人们普遍难以接受；一旦阶层固化、流动性不够，获取社会资源的机会不平等，个人努力创富成功的机会也就不均等，这会加剧收入差距的扩大趋势，社会财富的分享更加的不公平。

因此，要缩小收入分配差距，就必须遏制贫富分化。《不平等的代价》[①]（斯蒂格利茨，2013）一书指出：不平等不仅会对经济增长造成负面影响，而且会逐渐削弱民众对公众的信心，甚至会影响到人们的价值判断、推翻人们对于社会法律秩序的信念；面对日益严重的不平等，人们将不得不付出日益严重的代价[②]。

既然贫富分化被认为是引致收入分配差距扩大的重要诱因，那么，如何遏制贫富分化呢？这也是本研究所需要回答的问题。收入流动反映出不同收入阶层在一段时间内的变化情况，收入流动性较强则意味着各收入阶层之间的变动较为频繁，这实际上是有利于遏制贫富分化并缩减收入分配差距的。对于低收入群体而言，暂时的收入窘迫并不可怕，可怕的是失去发展的内在动力，从而引致持久性贫困，最终形成"贫者越贫、富者越富"的马太效应。因此，收入流动反映出机会公平的特性，基于收入流动视角来探讨贫富分化问题并明晰其形成原因，有助于从根本上找准贫富分化的内在原因并提出相应对策建议。

本研究在文献回顾的基础上，从引致收入分配差距的多个维度归纳总结了我国收入分配差距的现状，并在此基础上展开实证研究。一是对我国居民两极分化的程度进行测算，以明晰贫富分化的现状；二是对收入流动性进行了测度和分解，以明确收入分配变化的机会公平特性；三是对收入流动的社会福利效应进行探讨，以找准近年来的收入流动是有利于穷人的"好"还是有利于富人的"坏"；四是对贫困群体的代际传递及其特征进行分析，以找出引致贫困代际传承的主要因素。通过上述实证分析，明确了贫富分化的传

---

① ［美］约瑟夫·E. 斯蒂格利茨. 不平等的代价［M］. 张子源，译. 机械工业出版社，2013.
② 例如，经济发展的低效率及其引发的政治冲突，经济发展陷入中等收入陷阱，为维护社会治安和产权保护所付出的越来越高的成本，等等。

递机制；在此基础上，提出了相应的政策建议。

1.2 相关概念界定

1.2.1 贫富分化

贫富分化是指人们之间的财富出现了差距，财富是以货币来表示，贫富分化也就是说人们之间支配的货币出现了差别。因此，从定义上讲贫富分化的考察对象是居民的财富状况。收入是财富的构成要素，收入的累积形成财富；收入是流量，而财富是存量。可以说，收入是被"简单化"了的财富定义。因此，对贫富分化的研究（特别是实证研究），就涉及居民财富分布的数据。但遗憾的是，当前对居民财富分布的统计数据是极度缺乏的，这涉及大规模的统计调查；即使是目前对此有所涉及的中国家庭金融调查（CHFS），也难以覆盖居民财富分配的各个方面①。财富统计数据的难以获取，不得不说是该领域研究的一个遗憾，即使是在微观数据相对丰富的美国，此类数据也只能是基于税务部门的公开资料②或有限范围的社会调查。

国内外同类研究在进行实证分析时，一种通用的做法是用收入数据来代替财富数据。尽管收入不等同于财富，但一般高收入的群体都拥有相对较高的财富，收入数据能在很大程度上体现出居民的财富分配特征，这也是同类研究在遇到该问题时候的普遍做法。特别是对收入流动的分析涉及追踪调查样本，这样一来对受访者财富的调查就显得更为困难。可以说，基于收入数据的实证考察不失为在缺乏财富调查资料情况下的一种有益尝试；按照上述做法分析的既有文献也获得了具有启示性的结论。

---

① 从广义的角度而言，能够转化为货币收入的一切物，都可以认为是财富。除住房、贵金属、证券这些传统财富载体外，比如比特币、虚拟游戏中的"装备"也能在一定条件下转化为货币收入，也可以认作是财富。所以说，财富表现形式的日益多样化，使得居民财富的统计更为复杂。

② 目前，我国有关部门并未公布相应数据。

1.2.2　收入流动

收入流动分为代内收入流动（intragenerational income mobility）和代际收入流动（intergenerational income mobility）两种类型。前者指的是同代人之间的收入阶层变动情况，涉及时间相对较短，一般我们说收入流动若无特殊说明，都是指的代内收入流动。后者则是指跨代收入阶层的变动，最典型的就是父与子的收入阶层相关性。本研究参照同类文献的做法，不做特殊说明时，收入流动都是指的代内收入流动；谈及代际收入流动时，则会以全称来区别这两种含义。

概括地说，一个人在社会中相对收入地位的变化，就构成了收入流动。例如：在一个样本中，贫困人口中有多大比例在下一年度脱贫或仍处于贫困，富裕群体维持自己收入优势地位的比例又有多大。因此，就某种程度而言，收入流动越大意味着低收入群体改变自身收入层级的概率越高，有助于缓解贫富分化。

当然，上述对收入流动的辨析还有待深入。事实上，关于收入流动的内涵，还可以从绝对和相对两个维度展开。绝对收入流动，主要考察个体收入的变化程度，衡量的是个体收入相对于自身的变动。而相对收入流动，关心的是一个人的收入相对排序，更具有比较的色彩。一个人绝对收入水平的增长固然重要，但在人类社会中，相对收入（财富）占有量的多少更是在很大程度上影响人们对于分配的态度，也在事实上反映出财富的集聚程度。所以，本书研究的收入流动属于相对收入流动的范畴。

以上分析都属于代内收入流动，可以看成一个"截面"。而代际收入流动则有所不同，它反映的是一个人的收入（财富）在多大程度上取决于其父代，是"跨代公平"的体现，同样体现出机会均等的意义。代际收入流动对贫富分化而言具有显著的意义。经济状况、社会资源、能力禀赋等都可以通过父代传递给子代，贫困人口的资源弱势和能力弱势很可能在代际间形成传递，从而造成贫困恶性循环。近年来关于中国的实证研究表明，我国代际收入弹性相对较高，贫困群体的代际收入弹性尤其高于其他群体，意味着贫困代际传递较为严重。因此，考察贫困代际传递问题，既是收入分配领域研究的必然内容，又有利于探寻良性社会流动的形成原因，从而推进机会均等、缓和社会矛盾、促进社会和谐。

1.3　研究内容

第 1 章为绪论，阐述了研究的背景，并对研究涉及的两个核心概念（贫富分化和收入流动）进行了界定。在此基础上，梳理了研究内容，介绍了研究涉及的主要方法，并提出了研究创新点。

第 2 章为文献回顾，主要从收入流动性、极化效应、代际收入流动这三个研究涉及的方面进行了文献综述，包括理论模型的演变、实证方法的进展以及研究结论的对比等。通过文献回顾，厘清了本研究开展的学术基础，为后续研究的展开作了充分的铺垫。

第 3 章为研究的背景介绍部分，运用统计数据，从初次分配、总体收入差距、城镇内部收入差距、农村内部收入差距、城乡收入差距、地区收入差距、行业收入差距这七个维度，介绍了我国收入分配差距的演变情况。通过上述分析，能够对我国收入分配的总体状况有一个较为精准的了解。

接下来，第 4～7 章是研究的主体部分，对贫富分化的现状及其形成机理进行了深入的实证研究。

第 4 章运用福斯特和沃尔夫森（Foster & Wolfson，2010）提出的极化指数，以中等收入者比重为关键指标，并结合 CGSS 的微观调查数据对我国城镇居民贫富分化进行了测度，并分析了何种因素引致了中等收入群体的变化。研究结果表明，反映两极分化程度的收入极化效应总体保持了较高水平，尽管在 2005 年左右有所降低，这意味着中等收入阶层在低占比层面的固化。并且，基于上述分析还表明，以教育表征的人力资本、以住房表征的财富资本，以及以党员身份表征的政治资本，都对能否进入中等收入阶层产生着重要影响。

在明晰贫富分化程度及其影响因素的基础上，第 5 章则基于机会公平视角，运用收入转换矩阵及其相应指标对我国收入流动性进行了测度，并对不同收入阶层变动对收入流动性的贡献度进行了分解。研究结果表明，无论城镇还是农村，我国居民的收入流动性在过去 20 余年里经历了先上升后下降的过程，转折点发生在 2000 年左右，近年来收入流动性有加速下降趋势。从收入流动的分解结果看，收入位次变动主要集中于中低收入阶层，高收入阶层则相对稳定；尽管向上流动比率大于向下流动，但这种向上流动也是发生在中低收入阶层内部的，表明中低收入阶层本身存在较大的脆弱性。由此，会造成"贫者越贫、富者越富"的马太效应。

然而，仅仅对收入流动性的测度还不够，要发挥收入流动缓解贫富分化的效应，需要明确这种收入流动是有利于"贫者"的"好"，还是有利于"富者"的"坏"。第 5 章对收入流动性社会福利效应的分析，则有助于回答上述问题。基于 CHNS 数据的分析表明：①2000～2009 年的收入流动性要低于 1991～2000 年，但前者的社会福利效应要高于后者，原因在于前者有着更高的收入流动质量；②永久收入趋势的强弱，关系到阶层固化，对收入流动社会福利效应的影响更大。

第 7 章则更进一步，将研究视角扩展到代际收入流动（即对贫困代际传递的实证分析），使得基于机会公平视角的贫富分化机制考察，内涵更加丰富。结合 CGSS 的实证考察发现，贫困的代际收入流动性较低，其代际收入弹性为非贫困群体的 1.6 倍，父代贫困引致子代贫困的概率达 60%；人力资本有助于促进代际收入流动且具有较高的贡献度；与非贫困相比，贫困群体缺乏社会资本更进一步降低了其代际收入流动性。

在实证研究的基础上，第 8 章对本研究的主要结论进行了整理和归纳，并根据研究结论提出了政策建议。

本书的研究框架见图 1.1。

理论来源：收入分配 → 问题提出 ← 实践价值：机会公平

文献回顾

有关极化效应的研究 ------ 有关收入流动性的研究 ------ 有关代际收入流动性的研究

背景考察：我国收入分配的演变

初次分配 ---- 总体不平等 ---- 城镇内部差距 农村内部差距 城乡之间差距 ---- 地区差距 ---- 行业差距

实证研究：贫富分化及其形成机制分析

主题1：贫困分化的测度
方法：极化指数
目的：贫富分化的大小及影响因素

主题2：收入流动的测度与分解
方法：收入转换矩阵
目的：明晰代内流动性大小及其流动结构

主题3：收入流动的福利效应
方法：社会福利函数
目的：收入流动到底是"亲贫"还是"亲富"

主题4：收入的代际传递（专注贫困）
方法：两阶段法
目的：贫困代际传递程度及传递机制

结论及政策建议

1. 机会公平及公共福利政策导向 2. 条件公平及再分配政策导向
3. 新型城镇化及缩小城乡收入差距 4. 市场公平及行业收入差距

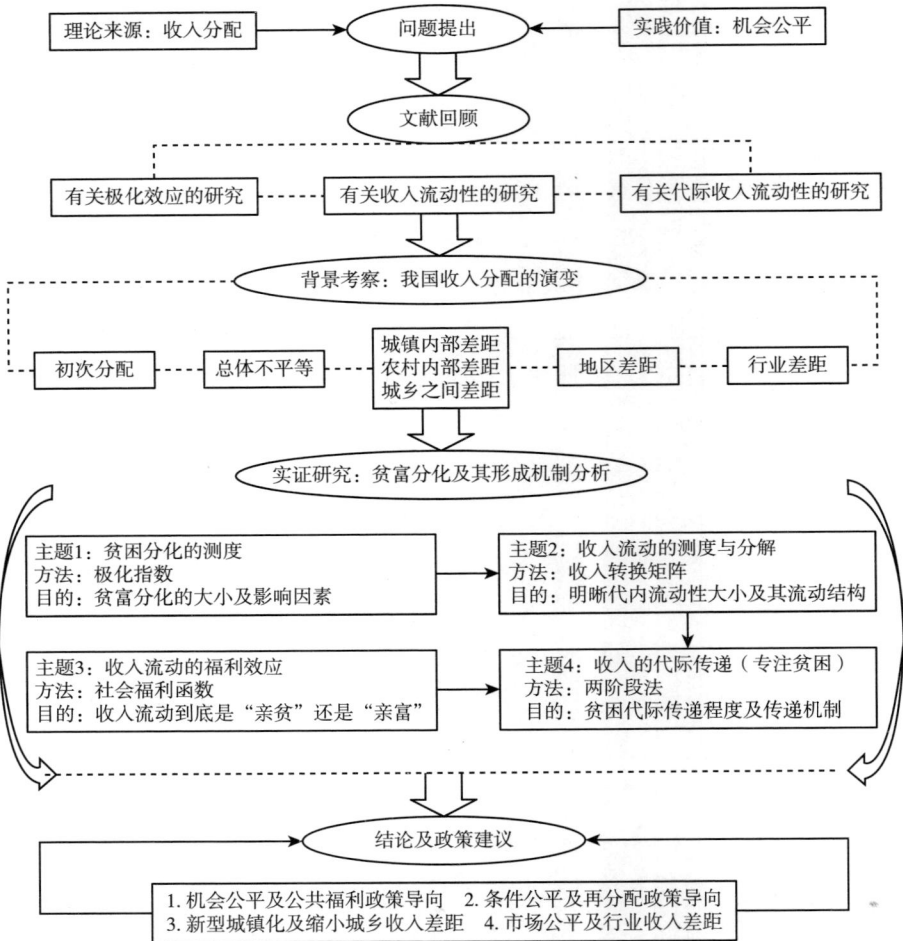

图 1.1　研究框架

1.4　研究方法

本书的研究方法以实证研究为主，在文献考察的基础上，建立适宜理论的实证模型，并采用中国的微观调查数据进行模型估计与分析。文献考察一方面是对已有研究的回顾和总结，同时也归纳出影响贫富分化的主要理论变量和作用机制，从而对后续的实证研究提供指导和借鉴。实证研究方面，一是利用极化指数测度中等收入者比重，以反映出贫富分化程度；二是采用多个指标对收入流动性进行测度以保证结果的稳健性，同时，从不同收入阶层流动性对整体的贡献程度，对收入流动性进行了分解；三是结合收入流动指标来构建社会福利函数，实证考察收入流动的社会福利效应，明确收入流动对贫富群体的不同效应；四是对贫困的代际收入弹性进行测度，并分析不同因素对代际收入流动的贡献程度。在进行测度的同时，还采用 Mlogit 模型等方法来探讨相关作用机制的影响效应及方向。通过上述现代计量分析方法的使用，为贫富分化及其传递机制的研究提供了更具证据性和稳健性的结论，也为建设性政策建议的提出建立了依据。

1.5　创新点

本研究的主要特色在于以下三个方面：

（1）基于收入流动视角的系统性探讨。收入流动反映出一段时间内居民收入位次的变化，体现出机会公平特性，是深层次揭示贫富分化现象及其形成原因的重要切入视角和研究工具。本研究采用现代计量分析方法并结合中国的微观调查数据，从代内收入流动、代际收入流动、极化效应、收入流动的社会福利效应这四个主要维度来揭示我国的贫富分化程度，有助于从长期和短期、静态和动态的辩证视角了解我国现阶段的贫富分化状况，使得对贫富分化及其形成机制的分析结果更加系统化，这丰富了该领域的研究成果。

（2）注重现代计量分析方法与中国具体实际的结合运用。既有研究的可拓展之处就在于采用一手的微观调查数据，并使用适宜的计量方法进行定量化分析。一是采用极化指数对中国城镇地区的贫富分化程度进行了测度，绘制了反映贫富分化的极化曲线，并进行了跨期对比，以及运用 Mlogit 模型来考察贫富分化的形成机制；二是基于多视角、运用多个指标测度了代内收入流动性，以提高稳健性，并按阶层的贡献度和方向的贡献度对收入流动进行了分解，以明晰贫富分化形成的短期原因及其内在动力；三是从代际收入流动视角并结合微观数据，考察贫困的代际传承程度及其内在机制，从而有助于呈现出贫富分化的长期原因；四是从社会福利的视角探讨了收入流动到底是有利于穷人还是富人，这对于深入理解贫富分化的形成机制及结果，是不可多得的实证支撑。

（3）对贫富分化形成机制的实证检验。对贫富分化问题探讨的重要内容就在于厘清其形成机制，在进行测度的同时，采用了 Heckman 两阶段法、多项 Logit 模型等计量方法，以禀赋遗传、地区差异、人力资本、财富资本等为切入点展开分析，使得贫富分化及传递的深层次原因更加清晰地呈现出来，为该领域的研究提供了一个较为系统且详细的国别例证。

第2章　文献回顾

2.1 有关收入极化效应的研究

20 世纪 70 年代以来，不少西方国家（包括许多拉美国家）都出现了较为严重的收入分配差距，其中，较为突出的特点就是中产阶级的"消亡"和两极分化的加剧，由此引致一些学者对中等收入结构问题的关注和研究。一般而言，一个收入分配较为均衡的社会中，中等收入者比重应该较大，即呈现出"两头小中间大"的橄榄型分布格局；反之，则形成了"两头大中间小"的分配格局，意味着收入分配的失衡和贫富分化的加剧。于是，一个令人感兴趣的问题就是，如何衡量贫富分化呢？一个通常的思路是，通过测度中等收入者比重来反映贫富分化问题，因为中等收入者比重较大则意味着贫富分化程度较低。

早期研究通过一定收入区间的划分，通常是以收入中位数为基准来进行划分，来衡量中等收入者比重。以收入中位数的 75% ~ 125% 作为一个划分标准的话，瑟罗（Thurow，1984）发现美国的中等收入群体占比在 1967 ~ 1983 年间呈下降趋势（从 28.2% 降为 23.7%）。同样采用上述数据，如果把划分标准改为中位数的 60% ~ 225%，那么中等收入者比重下降得更多，将会从 64.2% 下降到 55.9%（Blackburn & Bloom，1985）。不难看到，由于中等收入者比重划分标准的不同，进而带来了较为明显的测度结果差异。当然，早期研究对中等收入者的测度方式还显得比较简单，在判别标准上也未作出更为深入的探讨。

在前人研究的基础上，后续文献以收入的极化效应为研究切入点，来研究如何更为合理地测度中等收入阶层。之所以采用极化指数进行研究，是因为极化效应的增加是中等收入者比重降低的重要表征，也是收入分配差距加深的重要体现。测度收入的极化效应，目前来看有两大类方法。一种是仅仅基于收入两极分化的探讨，其开创性的文献来自于沃尔夫森（Wolfson，1994），其基本思想是，如果样本个体的收入集中于收入中位数周围，则说明多数人的收入较为集中、中等收入者占比较高，反之则较低。米拉诺维奇（Milanovic，2000）的研究特别指出，极化效应与收入不平等程度有较强联系，极化效应的大小与收入基尼系数的函数设定形式密切相关；因此，极化效应是另一种收入不平等的表现形式。一些文献在此基础上，建立了相应的指标进行实证分析，如王和崔（Wang & Tsui，2000）、米拉诺维奇（Milanovic，2000）。

另外一类方法，则主要采用广义的极化效应（multipolarity）概念，把除收入之外的其他相关影响因素都纳入了测度范围，如教育水平、健康水平和职业状况。这种方法的基本思路在于，首先对收入进行分组，然后考察组内的差异（identification，一致效应）和组间的差异（alienation，异质效应），再综合二者的共同效应得到极化水平（Esteban & Ray，1994）。收入呈何种状态分布是测度上述效应的基础，为此，杜克洛等（Duclos et al，2004）提出可采用非参数方法来估计收入分布的密度函数，并以此来估计极化效应。赵（Zhao，2013）在分解集中系数时，将以往的线性模型拓展到广义线性模型，使得集中系数的分解更具适应性，适用于那些具备"偏态"特征的极化指数分解。

然而，上述方法都需要基于收入等级的划分，而这本身又涉及对中等收入者的价值判断，或者说收入组的划分使得极化效应的测度结果非常敏感。为避免上述问题，福斯特和沃尔夫森（Foster & Wolfson，2010）提出了一种新的稳健性测度方式，从而避免了主观性标准划分对结果带来的影响，使测度结果具有动态可比性。该方法基于偏序和随机占优的思想，把收入极化现象概括为"区间的平移"和"区间的集聚"两种，前者意味着两个样本平均水平（或者中位数）的差异，后者意味着两个样本集聚程度的差异。采用上述方法，福斯特和沃尔夫森（Foster & Wolfson，2010）分析了加拿大和美国的样本，研究发现前者的极化效应变化不大，而后者的极化指数有所增加，意味着贫富分化的增大。

随着新研究方法的不断涌现，实证研究变得更为丰富，特别是针对国别数据的考察。研究表明，乌拉圭的极化效应，自 1994～2010 年期间呈现出不断加剧的趋势，并在 2002 年达到顶峰，其后也一直保持在较高水平，说明该国两极分化程度较深（Rossi et al, 2011）。另一份针对罗马尼亚的实证样本表明，该国在 2008 年的极化指数要显著高于 1995 年和 2000 年，同样意味着中等收入群体占比的下降、两极分化的加剧（Molnar, 2011）。

自 2000 年以来，国内关于中等收入群体的实证研究不断丰富起来。早期研究主要以收入水平为依据，来探讨中等收入者的定义和划分标准。正如苏海南（2003）所述，尽管生活水平、职业以及生活质量，都应该是纳入中等收入群体的划分指标体系，但收入无疑是最为重要的。对此，李培林（2007）认为收入水平在平均线 2.5 倍以上的群体，可称之为中等收入群体。除了收入外，也有学者提出恩格尔曲线同样可用作测度中等收入群体，该系数位于 40% 以下，则是中等收入群体。当然，还有学者采用洛伦兹曲线进行测度，庄健、张永光（2007）的一项研究就表明，我国中等收入群体的占比大概在 44%。参照福斯特和沃尔夫森（Foster & Wolfson, 2010）提出的极化效应指数，龙莹（2012）的测算结果认为，我国中等收入者占比在 1988 ~ 2005 年间总体呈下降趋势（即极化指数上升）。而一份基于 CHIPS（中国居民收入分配调查）数据的分析则表明，2007 年农村内部的中等收入者占比为57%，职业状况、教育、政治状态对是否进入中等收入群体影响显著。王朝明、李梦凡（2013）基于非参数核密度的估计表明，目前社会呈现出"M"型收入分布特征，中等收入者群体不断萎缩；尽管农村和城市的中等收入者群体占比并不一致，但总体上都表现出了低占比特征。最新的研究成果表明，中等收入者的规模近年来（2006 ~ 2013 年）在 27% ~ 28% 左右摆动；到2020 年，如果低收入者和中低收入者的平均收入翻两番，中等收入者和高收入者的平均收入翻一番，可以初步实现中间大、两头小的"橄榄型分配格局"（李培林、朱迪，2015）。

纪宏、刘扬（2013）则从研究方法上进行了深入探讨，他们采用核密度估计方法来测度中等收入者比重，将中等收入者比重的变化分解为增长效应、分配效应和水平效应。李伟、王少国（2014）的研究进一步发现，以绝对标准衡量的中等收入者比重变化主要受收入增长效应和收入分配效应两个因素的影响，收入增长并不必然会引起中等收入者比重上升，收入差距扩大也不一定会引起中等收入者比重缩小，两种效应对比重变化的影响方向决定于中等收入者划分标准在居民收入密度曲线上的位置。

2.2 有关收入流动性的研究

2.2.1 研究方法的演进

收入流动的经济含义关系到其测度方式设计，事实上，对于收入流动的经济含义，既有文献从多个维度进行了阐释。一份总结性的文献来自于菲尔兹（Fields，2007），他将既有研究对收入流动的定义划分为两大类别。从时间依赖（time-dependence）角度来探讨收入流动是第一种类别，用于测度代际间的收入流动（intergenerational），重在考察个体现期收入水平与父辈收入水平之间的关系。一份基于欧洲社区调查数据的研究发现，子代的收入水平不仅与父代的收入水平正相关，而且与父代的职业、受教育水平、政治地位等经济社会状况都有密切联系（Pascual，2009）。

另一类文献则从收入代内变动的角度展开研究（intragenerational）。然而，收入变动的内涵较为丰富，既可能是收入水平的变动、也可能是收入排序的变动、抑或收入占比的变动，由此引致了不同的测度方式。①收入相对位置的变动（positional movement）：它首先将样本按照五等分法或者十等分法进行收入分层，然后考察不同时期内，个体所处收入层级的变化程度；或者将样本进行排序，考察个体收入位次（rank）的变化。通常，用收入转换矩阵来表示这一变化，并基于矩阵构造相应的指标来综合反映。相关代表性文献可参见金（King，1983）、沃东加和伊扎克（Wodon & Yitzhaki，2001）、宾斯托克（Beenstock，2004）、马尔切洛和瓦伦蒂洛（Marcello & Valentino，2009）①。②收入份额的变动（share movement）：如果个体的收入占收入总数的份额发生了变化，则认为存在收入流动。实际上，不少文献在测度时往往通过考察个体收入水平与社会平均收入水平的高低差异，来反映出这种份额变动；也就是说，即使个体绝对收入水平没有变，但社会平均收入水平变化了，那么也会产生收入流动。③非方向性收入流动（non-directional movement）和方向性收入流动（directional movement）：这两种收入流动的测度方式都来自于菲尔兹（Fields & OK，1999），前者在测度收入流动时只考虑收入水平的变动而忽视收入变化的方向，于是任何收入水平的改变都会反映在收入流动中；而后者既考虑收入水平变动、又考虑收入位次变化方向（上升还是下降）。

菲利普（Philippe Van Kerm，2004）就对收入流动的形成原因进行了探讨，他将收入流动的形成区别为收入分布的变化和收入排序的变化。显然，这两者是不一样的。收入分布变化过程中，并不一定带来收入排序的大幅改变，可能并不会引起较大程度的收入流动性改变。但是，收入排序的变化则直接反映出收入流动的特征，会引起收入流动的变化。罗德里格斯等（Rodríguez et al，2008）则更进一步地探讨了收入流动与收入不平等之间的关系，其实证发现收入不平等与收入流动性之间存在正相关关系，即越不平等的社会里收入流动性越大。但是，后续研究对此结论并不十分认同②，认为上述结论缺乏普遍的适应性。

基于上述方法，不少文献采用数据展开了实证研究；诚然，由于不同方法的出发点并不一致，因而实证研究所得结论也就存在明显差异，但即使如此，也能为后续研究的开展提供宝贵的经验借鉴。对美国收入流动性的多指标测度表明，美国的收入流动性在1980~1985年间达到了最高点③，但如果

---

① 马尔切洛和瓦伦蒂洛（Marcello & Valentino，2009）的主要贡献在于，针对收入转换矩阵对组内收入变动识别不足的问题，构造了一个偏置换矩阵，来反映组内收入次序变化。

② 特别是一些来自发展中国家的证据表明，收入不平等程度越高，收入流动性反而越低。收入不平等使得居民的收入阶层日益固化。

③ 从时间依赖、相对位置变动、收入份额变动、非方向性收入流动这几个方面进行的测度。

从方向性收入流动角度来看，则未能支撑上述结论。奥斯丁和吉（Auten &
Gee，2009）的实证研究认为，1987~1996 年和 1996~2005 年这两个时间段
内，美国的收入流动性保持了较高水平，大约有一半期初位于较低收入层级
的个体，到期末转移到了较高收入层级。

布钦斯基（Buchinsky et al，2005）利用法国的样本进行了分析，如果从
收入位次变化的角度来看，男性的收入流动性要小于女性；但基于其他几种
指标的测度，则没有发现上述结论；但无论是对男性还是女性，受教育水平
越高则其收入流动性越小，这意味着具备高学历的个体也具备较高的收入水
平，以及维持这种收入相对位置的能力，长此以往，则收入流动将会出现
"阶层分化"的特征，也容易引发两极分化①。另外，部分文献的测度结果也
表明，收入流动性测度结果会因指标选择的不同而具有敏感性，例如佛雷杰
（Freije，2002）对墨西哥样本的分析，以及赫尔南德斯（Hernandez，2005）
对委内瑞拉样本的分析。既然如此，那么在收入流动的测度中，选择多指标
进行稳健性测度也就显得尤为必要。

除了针对某一国别数据的实证研究，近年来，随着一些国家调查数据的
出现和更新，基于不同国家间的居民收入流动性研究得到快速进展。阿里斯
蒂德和帕鲁金尼（Aristeia & Perugini，2015）针对 2004~2006 年间欧洲 25
国的居民收入流动性进行了考察，发现收入所处的地理位置、所在地经济增
长以及工作职位，都显著地影响着收入流动的大小。

当然，对收入流动性大小的测度固然重要，但要明晰引致这种流动性的
原因，则不得不更为深入地去探究收入流动的结构。因为收入流动的结构反
映出收入流动的质量。为此，部分学者将社会福利函数引入收入流动性的分
析，以此考察收入流动的福利效应，以回答收入流动是导致两极分化的
"坏"，还是促使分配均衡的"好"。

在这方面，同样积累了不少文献。早期的文献来自于查拉卡（Charakraty
et al，1985），它将收入转换矩阵和社会福利函数结合起来，将个体收入位次
的提升定义为福利的改善，若多数社会成员的收入排序得以改善则意味着社

---

① 当然，对上述结论的获得，还必须有一个假定，就是教育分配本身是不平等的。

会福利水平的提升。鲁伊斯·卡斯蒂略（Ruiz – Castillo，2004）的研究则更进一步，它将查拉卡（Charakraty et al，1985）提出的指标分解为"收入结构变动和个体收入排序变动"，测度结果表明如果穷人和富人在收入排序上实现互换，那么社会福利水平将较高，这也被称作福利最大化的情况。同样地，后续来自布吉尼翁（Burguignon，2011）的研究也发现了上述特性，即收入排序变动度越大，社会福利效应越大；不过布吉尼翁（Burguignon，2011）采用的是非参数增长发生率曲线作为分析工具。实证研究表明，相对德国，美国的收入流动性更难以促进低收入群体的流动，也就更难实现社会福利的改善（Allanson，2012）。比比（Bibi et al，2014）从收入流动性影响永久性收入（或周期性收入）的角度，来探讨收入流动对社会福利的影响问题，如果收入流动所引致的永久性收入（或周期性收入）能够有效地降低长期收入不平等，那么则认为这种收入流动就是对社会福利的改善；进一步，比比（Bibi et al，2014）以加拿大的样本为依据进行了分析，结果表明，收入不平等因为收入流动的产生而降低了23%，这说明收入流动有助于提升社会福利水平。国内学者的研究也迅速跟进，周兴、王芳（2010）关于城乡居民收入流动的研究表明，发生于城乡间的收入流动有利于降低收入不平等程度；但是，由于我国本身收入分配差距较大且累积时间较大，这一效应难以被短期的收入流动完全抵消，因此社会福利水平的改善幅度也就不及收入流动的变化程度。

2.2.2 基于中国样本的探讨

近年来，中国微观调查数据（特别是分析收入流动所需要的追踪调查数据）的不断丰富，为定量化研究收入流动性问题提供了条件，相关文献也不断呈现出来。既有研究中，不少文献重在测度收入流动性的大小及其影响因素。然而，由于不同文献采用的数据和分析方法各有侧重，因此也难以避免地造成研究结果的非一致性。

前期研究始于20世纪90年代，关注焦点在于改革以来城镇、农村的收入流动情况。分析表明，自 1978 年以来我国农村收入分配状况发生了大幅改变，使得农村收入阶层化差异迅速形成，带来了收入流动性的提升（Nee，1996）；在城镇，由于私有部门经济的迅速崛起，也显著加快了居民间的收入流动性（Khor & Pencavel，2006）。所以，综合来看，改革开放以来城、乡的收入流动性都不断加快。但这一趋势在 90 年代中后期却呈现出不确定性，这也是已有研究争论的焦点。部分学者认为，中国收入流动性先上升，随后则有所降低。基于 CHNS 在 1989~1997 年的数据，王海港（2005）的一项研究表明，城镇和农村的收入流动性都呈现出先上升、后下降的过程；次年，尹恒等（2006）用另外一份数据（CHIPS）的研究也表明，1998~2002 年间，中国城镇地区的居民收入流动性，要小于 1991~1995 年阶段。基于 CHNS1989~2006 年的数据，石雪华等（Shi et al，2009）也发现农村的收入流动性在降低；王芳、周兴（2010）还进一步指出，地区间收入流动性的降低是引致地区收入差距提高的显著原因。王洪亮等（2012）的一份研究也表明，自改革开放以来，中国居民收入流动性变迁呈现出明显的 U 型特征，近年来的收入流动性已经明显小于改革开放初期，并呈现出加速下降的趋势。另外，有学者专门对贫困群体的收入流动性状况进行了实证分析，以明晰收入最低阶层能否改变自身的状况。张立东（2012）的研究指出，根据世界银行划定的每天 1.25 美元或 2 美元的贫困线，1989~2009 年间，中国贫困群体尽管脱离了贫困状态但其所处的收入层级却没有明显上升，说明了仅仅是对贫困的缓解还不足以在较大程度上改变这部分群体的低收入状态。

当然，也有文献研究认为中国的收入流动性是在增加。王朝明、胡棋智（2008）的一份研究也指出，中国居民收入流动性在 1997 年以后有着明显上升的趋势，而此前则是下降的。因此，一个可能的判断是，在 2000 年后的几年里，中国居民的收入流动性确实呈现出一定程度的上升，说明此时期内居民收入变化加快。

还有研究则就收入流动性对长期收入不平等的影响进行了专门化的探讨。一般认为，收入流动性较为充分会引致长期收入不平等程度降低，这也是学者们如此关注收入流动性的重要原因。2000 年以前，城镇居民收入流动性的变化起到了缓解收入不平等的作用，但这一效应在 2000 年之后越来越弱化，其原因就在于 2000 年之后收入阶层的日益固化（王晓，2013）。而另一份研究则考察了农村和城镇的整体情况，结果表明，从绝对收入视角来看我国居民收入流动性显然是不断攀升的，但相对收入流动性呈周期变动，绝对收入流动降低了中长期的绝对收入不平等，而相对收入流动加剧了相对收入不平等（程小纯、龙莹，2014）。

在影响因素方面，对农户而言，家庭人力资本中高中教育对农村家庭收入向上流动的正向影响日益增强，而大学教育的影响则日益减弱，家庭收入中农业收入比例越高越不利于家庭收入向上流动；初始收入地位越高、家庭户主参加了医疗保险计划以及家庭抚养负担越小，都越有助于农户实现向上收入流动（罗锋、黄丽，2013）。

2.3　有关代际收入流动的研究

代际收入流动的理论性探讨始于贝克尔和托姆斯（Becker & Tomes，1986），基于一个代际交替的人力资本模型，其着重论述了教育和能力禀赋在代际收入流动中的作用，以此揭示出收入分配的代际传承机制。此后的理论探讨逐渐丰富，归结起来代际收入流动的形成机制主要在于以下五个方面：一是人力资本投资，它既取决于家庭的代际教育投资决策，又取决于政府的公共教育支出水平（Susan & Leonard，2008），人力资本投资越充分代际收入流动性往往越大。二是社会关系网络，父代对子代的社会资本投资有助于子代进入收入更高的职业，这会降低代际收入流动性（Fredrik，2007）。三是生理遗传，其认为子代从父代所继承的禀赋（如智力、健康、认知）会影响到子代的收入能力（Bjorklund et al，2007）。四是婚配，因为个体更倾向于与自己父母有着相似收入、学历水平和社会地位的人结婚，以保持其收入地位或优势（Chadwick & Solon，2002）。五是文化资本传承，即父代的收入地位可转化为使子代受益的"家庭环境""社区环境"等，进而有助于子代保持或超越其收入阶层（Mayer，2002）。

实证研究方面的文献重在测度代际收入流动性大小以及分析相关影响因素。主要研究方法有两类：一是以子代收入作为因变量、父代收入作为自变量，以估计代际收入弹性（IGE），来反映代际收入流动性；二是运用收入转换矩阵，以子代收入排序作为行向量，以父代收入排序作为列向量，则矩阵中的数值 P_{ij} 就表示处于第 i 收入等级的父代其子代进入第 j 收入等级的比率。从既有文献的使用方法来看，多数通过估计代际收入弹性来考察代际收入流动性。但是，由于有关代际收入流动性的实证研究设计在很大程度上受到样本变量和数据的约束，因此不同学者的实证模型和考察重点也不尽相同，于是不可避免地造成国别间实证研究还缺乏一致性。

随着国内微观调查数据的丰富，2006 年以来，国内就出现了有关代际收入流动性分析的实证文献。早期文献来自于姚先国、赵丽秋（2006），其利用 CHNS 数据（1989～2000 年）估计的代际收入弹性约为 0.7，并且社会关系网络是代际传递的主要路径；同样基于该数据，韩军辉（2010）的结果则认为 1989～2004 年间的代际收入弹性为 0.466[①]，同样认为中国居民代际收入弹性为 0.46 的还有汪燕敏、金静（2013）。利用 CGSS 在 2005 年的调查，方鸣、应瑞瑶（2010）采用双样本两阶段最小二乘法进行了估计，发现总体上中国居民代际收入流动性较差，城镇居民的代际收入流动性弱于农村，职业和教育是代际收入传递的两个重要因素。李小胜（2011）应用阿特金森（Atkinson）回归模型和转移矩阵两种度量代际收入流动性的方法，测度了 2005 年的中国城乡居民代际收入流动性并解析了其引致原因，结果表明，东部样本的代际收入弹性最大、其次为中部和西部样本，说明经济相对发达地区的代际收入流动性反而越小；另外，分城乡看，城市的代际收入流动性要高于农村地区；但总体而言，代际收入在不同的分类下流动弹性并不大；但

---

① 在一份更早的研究中，韩军辉（2009）基于多水平统计模型和 CHNS 数据研究发现，我国农村地区居民代际收入弹性较大，说明农村地区代际收入流动性较小，呈现出一定的代际继承特性；并且，这种特性存在中部、东部以及西部地区上的差异。

值得注意的是，总体的代际收入流动有一种保持效应（即总体的不同等级间的流动性较差），从最低等级转向高一等级的概率较小，从最高等级转向低一等级的概率也较小。何石军、黄桂田（2013a）基于 CHNS 样本的一份跨度更长数据的测度表明，2000 年、2004 年、2006 年和 2009 年的代际收入弹性分别为 0.66、0.49、0.35、0.46，反映出中国的代际收入弹性大体上是呈下降趋势的。

另外，就城乡间的代际收入流动性差异比较而言，我国城乡家庭的代际收入流动性虽总体偏弱，但城镇家庭代际收入向上的流动性总体而言要高于农村家庭，代际收入流动性的差异客观上加剧了城乡之间的收入差距；并且随着子女职业生涯的发展，教育对代际收入流动的影响逐渐增强（周兴、王芳，2014）。

在代际收入流动性的传递机制方面，孙三百等（2012）在估计出迁移概率的基础上，分析了其对代际收入弹性的影响，发现迁移者的代际收入弹性不到未迁移者的一半，教育在可识别的传递路径中贡献最大。陈琳、袁志刚（2012）采用 CHIP 在 1988～2005 年的调查进行了分析，发现代际收入流动性呈现出先上升后稳定的特征，人力资本、社会资本和财富资本的贡献率累计达 60%以上。邸玉娜（2014）运用阶层线性模型分析了代际间的交互作用机制：父代的收入水平和工作性质会通过影响子代个体特征变量的边际系数对子女的收入产生间接影响，教育是打破阶层固化的重要途径，但实证分析表明，父代的职业对子女的教育收益率存在显著影响，机会的不平等阻碍了代际流动。周兴、张鹏（2014）的研究也表明，城镇家庭子女的职业随其职业生涯的发展有向父辈职业"回归"的趋势，而农村家庭中父代从事非农职业有助于子女实现职业的向上流动，这种代际之间职业的传承在一定程度上阻碍了代际间的收入流动，高收入家庭更有可能实现"高收入"的代际传承。何石军、黄桂田（2013b）还考察了转型阶段的劳动力市场中上代的地位、人际资源网络对下代的影响，父亲对儿子和母亲对女儿的代际网络效应有显著而正的影响，其大小分别约为 3535 元和 2000 元；父亲的行政权力对儿子和女儿劳动市场表现都有显著的正向影响，且分别为 6645 元和 4665 元。

这说明，父辈的代际网络效应会显著地影响到子女的收入水平。

不仅如此，由于不同收入阶层收入能力的差异，使得代际收入弹性的大小与收入水平有一定联系。胡洪曙、亓寿伟（2014）的研究表明，城镇居民家庭的收入流动性高于农村居民，并且随着收入从低到高分布，代际收入流动性呈上升趋势，而农村低收入家庭群体具有明显的贫困持续性现象。

尽管如此，上述文献并非对贫困代际传递的专门性测度，作为社会底层，贫困群体的代际收入传承显然更值得关注。林闽钢、张瑞丽（2012）则估计了贫困群体的代际收入弹性，发现贫困群体的代际收入弹性总体上要高于非贫困群体30%，贫困群体在更大概率上面临着低收入传承。

2.4　本章小结

本章对研究涉及的主要领域进行了文献回顾，包括收入极化效应的研究、代内收入流动性和代际收入流动性的研究。通过上述分析，能够从研究视角、研究方法、研究资料、研究结论等方面对既有研究作出较为全面的总结，同时也能为本研究的后续展开提供经验借鉴。

第3章 我国收入分配的演变

作为本研究的背景分析部分，第3章拟分析我国收入分配的总体状况，从而对我国近年来的收入分配变化情况有一个全局性的了解，对收入分配格局的演变及其主要引致原因有一个基本判断。本章从我国初次分配状况入手，进而探讨城镇、农村以及城乡间、地区间乃至行业间收入分配变化的历程、趋势，并从制度层面简要分析其形成原因。

3.1 初次分配状况

初次分配指国民总收入（即国民生产总值）直接与生产要素相联系的分配。在初次分配中，国民收入被划分为政府税收、企业利润、劳动者收入以及折旧这四个部分。以上四者相对比例的大小折射出不同要素在国民收入初次分配的格局。一般而言，劳动者报酬占比越高，说明初次分配中劳动者所得越多，那么越有利于那些依靠劳动获得报酬的个体；社会中的大多数劳动者都是依靠交换劳动而获得收入，这也符合按劳分配的原则。因此，劳动收入占比越高，一般认为其对促进收入分配均衡化的作用越大。另一方面，营业盈余和生产税净额则反映出资本和政府在国民收入中的获取程度。特别是营业盈余，该项数值越大说明资本的回报越高，越有利于那些资本富余的个体。在初始收入分配程度较高的背景下，资本往往集中在少部分人手里，而营业盈余占比的增加则会进一步引致财富向富人集聚，从而使劳动者处于弱势。由此，可能造成"贫者越贫、富者越富"的马太效应。

表3.1　　　　　　　　　　我国2000～2012年的初次分配结构

年份	劳动者报酬（万元）	比重（%）	生产税净额（万元）	比重（%）	固定资产折旧（万元）	比重（%）	营业盈余（万元）	比重（%）
2000	49919.59	54.06	13412.43	14.52	14605.51	15.82	14409.35	15.60
2002	58950.50	48.38	17462.21	14.33	18740.57	15.38	26705.63	21.92
2005	77731.60	41.73	25337.64	13.60	28010.29	15.04	55176.53	29.62
2007	110047.30	41.36	38518.72	14.48	37255.53	14.00	80222.26	30.15

续表

年份	劳动者报酬（万元）	比重（%）	生产税净额（万元）	比重（%）	固定资产折旧（万元）	比重（%）	营业盈余（万元）	比重（%）
2009	170299.71	46.62	55531.11	15.20	49369.64	13.51	90103.24	24.67
2010	191008.93	47.32	59910.85	14.84	55291.86	13.70	97437.34	24.14
2011	234310.26	44.94	81399.26	15.61	67344.51	12.92	138387.09	26.54
2012	262864.06	45.59	91635.05	15.89	74132.87	12.86	147919.85	25.66

资料来源：国家统计局。

由表 3.1 不难发现，自 2000 年以来我国初次分配中的劳动收入占比逐渐降低，从 2000 年的 54.06% 下降到 2012 年的 45.59%，下降了约 10 个百分点，劳动收入占比的平均水平在 46.57%。特别是 2005 年，初次分配中的劳动收入占比下降最为明显[1]。相比而言，同一时期的劳动收入占比，韩国约 70%、日本约 60%、美国约 45%[2]，可见我国劳动收入占比还处于相对低位。

与此同时，政府税收收入占比有略微提升但总体而言较为稳定。值得注意的是，企业营业盈余的占比在自 2000 年以来逐年上升，意味着资本资产回报逐渐提升。上述数据表明，初次分配中劳动收入占比仍然偏低，使得大多数依靠劳动获得收入的群体收入增长空间有限；相反，那些在初始阶段已经积累一定社会财富的"先富"群体则由于其资本累积优势而获得了越来越多的社会财富。

在引致劳动收入占比下降的机制分析方面，罗长远、张军（2009b）利用 1987～2004 年年省级面板数据的联立方程组表明：FDI、经济发展水平以及民营化都不利于劳动收入占比的改善；从阶段性上分析，随着经济发展水平的提高，劳动收入占比会出现先下降后上升的 U 型关系，目前，中国仍处于 U 型关系的下降区间；究其原因，他们认为在劳动力保持结构性过剩供给的情况下，"工资侵蚀利润"的现象被扭转，因此民营化就对劳动收入占比

---

[1] 有研究认为，造成这一时期劳动收入占比大幅下降的原因在于：2004 年相对于 2003 年，劳动收入占比大幅下滑，主要是由第二、第三产业劳动收入占比大幅下降造成的，这与统计口径的变化，特别是 2004 年之后个体经营者收入被计入资本收入有关（罗长远、张军，2009a）。

[2] 相关数据来源于：http://stats.oecd.org/。

存在负向影响；另外，资本密集型产品的进口、财政支出的增长、资本（物质资本或人力资本）积累都表现出促进劳动收入占比的提高。

陈宗胜、宗振利（2014）运用"刘易斯—费景汉—拉尼斯"模型，研究发现劳动收入占比的 U 型演变趋势，主要是由于二元经济结构的影响，它使得我国处于劳动收入占比的左边下降阶段；技术进步、农村剩余劳动力数量、对外贸易以及 FDI 对劳动收入占比的提高有抑制作用。

那么，劳动收入占比何时会转入上升阶段？考察欧洲国家劳动收入占比近 30 年的变化规律，可得到一些启示。欧洲近 30 年劳动收入占比降低的趋势主要源于僵硬劳动力市场诱发的资本增强型技术进步，进而从技术进步和资本深化两个层面对劳动收入占比形成打压；过度的劳动保护反而成为资本增强型技术进步的诱因（罗长远、丁纯，2012）。

3.2 总体收入分配状况

最能反映收入分配状况的就是基尼系数，2012 年以后官方实行城乡住户调查一体化，并通过对历年数据的整理得出了过去 10 余年的基尼系数数据。从官方数据看，2003～2014 年，中国基尼系数均高于公认的国际警戒线 0.4（见图 3.1）。值得一提的是，在 2008 年国际金融危机以后中国进行了一系列

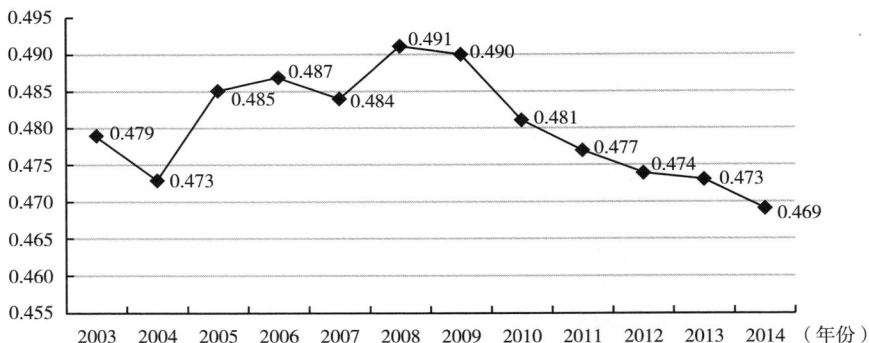

图 3.1 2003～2014 年全国基尼系数

资料来源：根据历年中国统计局公报整理。

的收入调控政策。政策的效果是明显的，实现了基尼系数的七连降。数据表明中国内部的收入分配差距正在逐渐缩小。但是 0.47 左右的基尼系数表明中国居民收入差距还是很大。与国际相比，2011 年欧盟部分国家的基尼系数集中在 0.31 左右，其中德国 0.29、英国 0.33、法国 0.308、美国 0.463，近 10 年来美国的收入差距正在逐步扩大（数据来源：上海统计局；国外基尼系数研究 2013）。

3.3　城镇的收入分配状况

（1）收入水平。

自改革开放以来，我国城镇居民人均收入快速增长，从 1978 年 343.4 元上涨到 2014 年的 28699 元，实现了年均约 13.47% 的增长，与人均 GDP 的快速上升保持同步态势。这意味着，总体上我国城镇居民收入的水平越来越高（见图 3.2）。

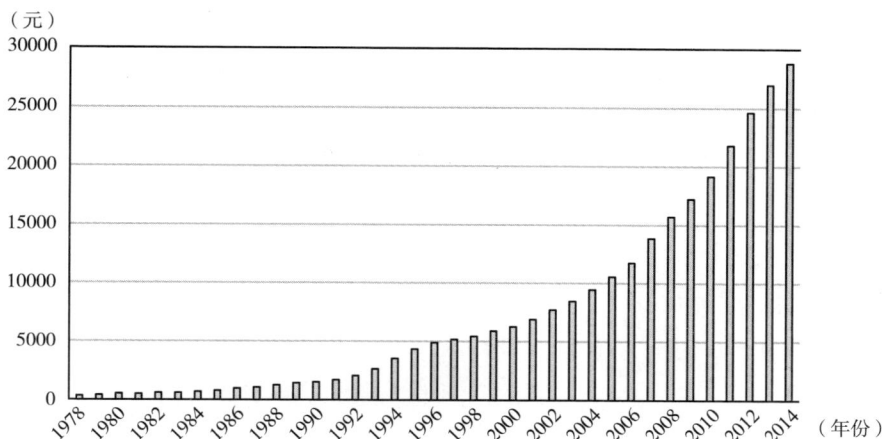

图 3.2　1978～2014 年城镇居民人均可支配收入

资料来源：国家统计局数据库。

（2）收入结构。

从收入结构上看，城镇居民的收入来源有着明显的改变。一是居民收入来源的日趋多样化，使得财产性收入、经营性收入等传统以来占比较低的部分有所增长；二是工资收入占比较以往有了较为明显的降低，从总体上看，在中国城镇居民中，收入的主要部分为工资性收入，占总收入的64%。虽然财产性收入的占比仍相对较低，但在收入水平整体增长较快且已处于较高水平的情况下，居民的不动产拥有量日益增多，以及金融投资的多元化，由此引致居民财产性收入的比重还有较大程度的上升空间（见图3.3）。

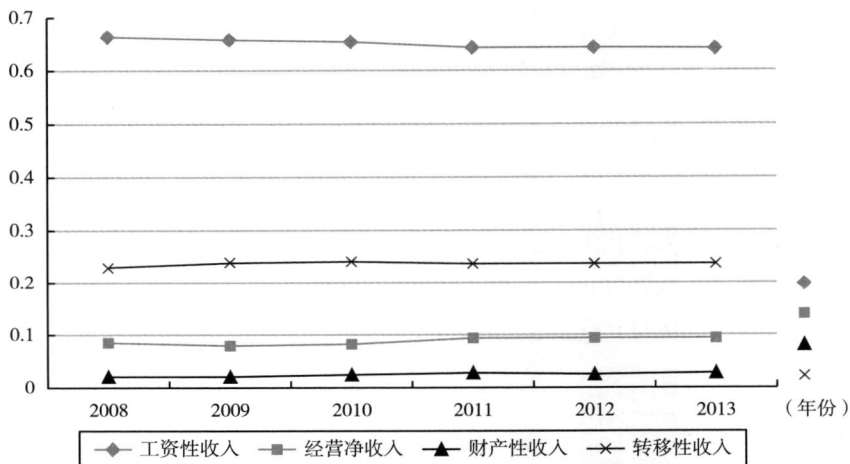

图3.3　城镇居民的收入结构（2008～2013年）

资料来源：国家统计局数据库。

（3）收入组别差距。

国家统计局的数据，将城镇居民按收入等级进行了8层非等份划分。表3.2的数据显示，总体上各个组别的人均收入都在不断提高；但是，不同组别间的收入差距也日益明显。最高收入组与最低收入组之间的收入差也越来越大，这一差额的绝对数在2002年仅为17681元，但到2012年则快速增长到60668元。从最高收入组与最低收入组平均收入的比值来看，2002～2005年期间，最高组与最低组收入比值不断扩大，并在2005年达到9.2的峰值；尽管这一比值在2005年以后有所降低，说明城镇居民的收入两极分化并未表现为持续快速扩大，但总体上仍维持在较高水平。如果考虑高收入阶层的隐蔽性财产收入，那么这种差距还有可能更大。根据甘犁等（2013）获得的中国家庭金融调查数据，2011 年城市家庭收入均值为 246.46 万元，中位数为 40.5 万元，住房资产在城镇居民家庭资产中的占比为 37.6%；中国家庭资产的分布严重不均衡，仅 14.3% 的家庭超过相应的均值。由此看来，一旦将住房资产考虑在内，那么潜在的高低收入组差距将可能更为明显地暴露出来。

表 3.2　　按收入等级划分的城镇居民家庭基本情况（2002～2012 年）　　单位：元

年份	人均总收入	最低收入户（10%）	困难户（5%）	较低收入户（10%）	中等偏下户（20%）	中等收入户（20%）	中等偏上户（20%）	较高收入户（10%）	最高收入户（10%）	最高与最低收入差	最高与最低收入比值
2002	8177	2528	2064	3833	5209	7061	9438	12555	20208	17681	8.0
2003	9061	2762	2278	4209	5706	7754	10464	14076	23484	20722	8.5
2004	10129	3085	2532	4698	6424	8747	11871	16156	27506	24421	8.9
2005	11321	3378	2733	5202	7177	9887	13597	18688	31238	27860	9.2
2006	12719	3871	3129	5946	8104	11052	15200	20700	34834	30963	9.0
2007	14909	4604	3745	6993	9568	12979	17685	24107	40019	35415	8.7
2008	17068	5204	4187	7917	10975	15055	20784	28519	47422	42219	9.1
2009	18858	5951	4936	8957	12345	16858	23051	31172	51350	45399	8.6
2010	21033	6704	5483	10247	13971	18921	25498	34255	56435	49732	8.4
2011	23979	7819	6446	11751	15881	21440	29059	39216	64461	56641	8.2
2012	26959	9210	7521	13725	18375	24531	32759	43471	69877	60668	7.6

资料来源：国家统计局数据库。

进一步，从不同收入组的年均收入增长率来看（见表 3.3），各收入组别间的增速差异并不大；但值得注意的是最低收入组的收入增速，年均只有 12.67%，与其他组别相比的差异较为明显，这也预示着最低收入组有可能与其他组别的差距越来越大，存在贫困深化的可能。另外，尽管各收入组收入增速接近，但考虑到高收入等级的收入水平要远高于中低收入等级，因此双方在收入绝对额上的差距并不会有较大程度的缩减。这也意味着，与其他收入阶层相比，高收入阶层可能"越跑越快"。综合来看，如果低收入阶层增速过慢的问题不解决，那么离高收入阶层的距离就会越远，由此可能造成日益严重的两极分化现象。张奎、王祖祥（2009）的一项针对上海城镇居民的早期实证研究就表明，上海市城镇居民收入的基尼系数和极化指数在1995～2007年间上升较快，收入不平等和两极分化均明显扩大。

表3.3　　　　　　不同收入组年均收入增长率比较（2003～2012年）　　　　单位:%

年份	最低收入户（10%）	困难户（5%）	较低收入户（10%）	中等偏下户（20%）	中等收入户（20%）	中等偏上户（20%）	较高收入户（10%）	最高收入户（10%）
2003	9.26	10.37	9.81	9.54	9.81	10.87	12.11	16.21
2004	11.69	11.15	11.62	12.58	12.81	13.45	14.78	17.13
2005	9.50	7.94	10.73	11.72	13.03	14.54	15.67	13.57
2006	14.59	14.49	14.30	12.92	11.78	11.79	10.77	11.51
2007	18.94	19.69	17.61	18.07	17.44	16.35	16.46	14.88
2008	13.03	11.80	13.21	14.71	16.00	17.52	18.30	18.50
2009	14.35	17.89	13.14	12.48	11.98	10.91	9.30	8.28
2010	12.65	11.08	14.40	13.17	12.24	10.62	9.89	9.90
2011	16.63	17.56	14.68	13.67	13.31	13.97	14.48	14.22
2012	17.79	16.68	16.80	15.70	14.42	12.73	10.85	8.40
年均增速	12.67	13.80	13.80	13.60	13.44	13.26	13.25	13.22

　　资料来源：根据表3.2数据计算。

3.4　农村的收入分配状况

（1）收入水平。

与城镇居民快速增长的收入水平相比，农村居民收入水平同样呈现出快速增长态势。农村居民人均纯收入从1978年的133.6元增长到2013年的8895.9元，年均增速13.1%；即使从近十多年的数据来看，2000～2013年间年均增速也保持在12.1%。

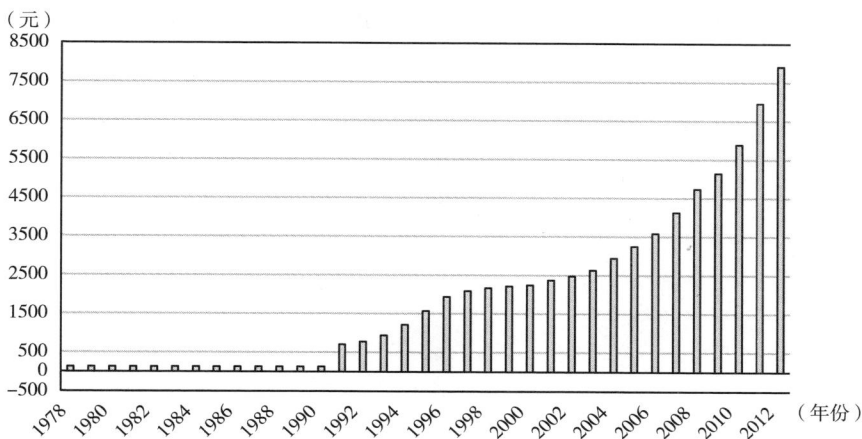

图 3.4 1978～2013 年农村居民人均收入水平

资料来源：国家统计局数据库。

（2）收入结构。

表 3.4 给出了农村居民人均纯收入的占比情况。传统上，我国农村居民的收入来源主要是家庭经营性收入[①]，它包括了农村居民从事农、林、牧、渔业所获得的收入，是农村家庭收入的主要来源，家庭经营性收入占比在1983 年为 73.5%。然而，随着工业化和城镇化进程的演进，农村内部的生产结构也发生了较大变化，农村劳动力外流及其带来的务工收入逐渐成为农村居民收入的重要组成部分。这可以从工资性收入占比的变化情况中找到支撑，1983 年农村居民工资性收入占比仅为 18.56%，但这一比例到 2013 年达到了45.25%。事实上，在当今中国农村，青壮年劳动力长期在外务工的现象已非常普遍，由此获得的劳务收入成为农村家庭重要的经济来源。另一方面，由于传统农业收入水平偏低，也使得农村家庭经营性收入占比下降。可以说，与过去相比，农村居民的收入来源越来越多元化，农业不再是农村居民获取收入的唯一渠道，甚至已不是部分农村居民获取收入的主要渠道，劳务收入

---

① 表 3.4 中，1978～1982 年之所以出现农村居民工资性收入占比较高的情况，可能是由于在当时的农村生产制度下，统计口径将农民应该纳入家庭经营收入部分，统计作为工资性收入。

的多少直接关系到农村居民整体收入水平的高低，也成为农村内部收入差距的一个重要诱因。

另外，财产性收入和转移性收入也呈现出一些值得注意的变化。就财产性收入占比而言，从1978年的零占比上升到了2013年的3.29%，虽然在收入总体中的占比不大，但这种突破是值得关注的。随着农村居民收入水平的提高，农村家庭的财富累积越来越多，越来越多的农户开始获得财产性收入；而财产性的多寡则会在一定程度上影响到农村居民的收入分配状况，财产较多的农户显然会因此而获得更多的财产性收入。就转移性收入而言，主要来自于国家实施的各类型补贴，这一比例近年来较以往有大幅提升，说明转移性支付对农村居民收入分配的调节能力日益增强。

表3.4　　　　　　　农村居民收入占比（1978～2013年）　　　　　　单位:%

年份	工资性纯收入	经营性收入	财产性纯收入	转移性收入
1978	66.09	26.80	0.00	7.11
1979	62.86	27.47	0.00	9.68
1980	55.62	32.72	0.00	11.71
1981	50.94	37.82	0.00	11.24
1982	52.91	38.06	0.00	9.07
1983	18.56	73.50	0.00	7.94
1984	18.72	73.66	0.00	7.66
1985	18.16	74.45	0.00	7.42
1986	19.25	73.93	0.00	6.82
1987	20.64	74.69	0.00	4.67
1988	21.62	74.00	0.00	4.40
1989	22.69	72.25	0.00	5.07
1990	20.22	75.56	0.00	4.23
1991	21.44	73.89	0.00	4.66
1992	23.52	71.63	0.00	4.85
1993	21.10	73.62	0.76	4.51
1994	21.54	72.23	2.34	3.90
1995	22.42	71.36	2.60	3.63

续表

年份	工资性纯收入	经营性收入	财产性纯收入	转移性收入
1996	23.40	70.74	2.21	3.64
1997	24.62	70.46	1.13	3.79
1998	26.53	67.81	1.41	4.26
1999	28.52	65.53	1.43	4.53
2000	31.17	63.34	2.00	3.50
2001	32.62	61.68	1.99	3.71
2002	33.94	60.05	2.05	3.97
2003	35.02	58.78	2.51	3.69
2004	34.00	59.45	2.61	3.93
2005	36.08	56.67	2.72	4.53
2006	38.33	53.83	2.80	5.04
2007	38.55	52.98	3.10	5.37
2008	38.94	51.16	3.11	6.79
2009	40.00	49.03	3.24	7.72
2010	41.07	47.86	3.42	7.65
2011	42.47	46.18	3.28	8.07
2012	43.55	44.63	3.15	8.67
2013	45.25	42.64	3.29	8.82

资料来源：国家统计局数据库。

（3）收入组别差距。

表3.5 给出了农村居民按五等分组的收入情况，不难看出，各收入组别的收入均呈现快速增长，但组间差距仍较为明显。2002 年，最高收入组与最低收入组的人均纯收入之差为 5046 元，最高收入组是最低收入组的 6.9 倍；到了 2013 年，最高收入组与最低收入组的人均纯收入之差达到了 18688.8 元，最高收入组是最低收入组的 8.2 倍。值得注意的是，最高收入组与最低收入组人均纯收入之比始终呈现出上升态势，并在近年来达到了历史高点。上述情况表明，农村内部不同收入组别间的收入差距并未出现明显缩减态势。

表 3.5　　　　　　　　　　　　农村居民不同收入组别情况　　　　　　　　　　单位：元

年份	低收入户（20%）	中等偏下户（20%）	中等收入户（20%）	中等偏上户（20%）	高收入户（20%）	高收入户 - 低收入户	高收入户/低收入户
2002	857.0	1548.0	2164.0	3031.0	5903.0	5046.0	6.9
2003	865.9	1606.5	2273.1	3206.8	6346.9	5481.0	7.3
2004	1007.0	1842.2	2578.6	3608.0	6931.0	5924.0	6.9
2005	1067.2	2018.3	2851.0	4003.3	7747.4	6680.2	7.3
2006	1182.5	2222.0	3148.5	4446.6	8474.8	7292.3	7.2
2007	1346.9	2581.8	3658.8	5129.8	9790.7	8443.8	7.3
2008	1499.8	2935.0	4203.1	5928.6	11290.2	9790.4	7.5
2009	1549.3	3110.1	4502.1	6467.6	12319.1	10769.8	8.0
2010	1869.8	3621.2	5221.7	7440.6	14049.7	12179.9	7.5
2011	2000.5	4255.7	6207.7	8893.6	16783.1	14782.6	8.4
2012	2316.2	4807.5	7041.0	10142.1	19008.9	16692.7	8.2
2013	2583.2	5516.4	7942.1	11373.0	21272.0	18688.8	8.2

资料来源：国家统计局数据库。

　　进一步，考察不同收入组的收入增速情况（见表 3.6）。可见，从 2003～2013 年，低收入组农户的人均纯收入年均增长 11%，明显低于其他收入组别，这说明低收入组的收入增长处于相对落后态势。相比之下，中等偏上组、高收入组的收入增速则位于前列，这也意味着该类群体在持续地保持其收入优势。另外，从不同收入的收入增速的稳定性上看，高收入组、中等偏上收入组要好于其他组别，特别是要优于低收入组。在个别年份，低收入组的收入年均增速有着大幅波动，说明低收入组不仅收入水平较低，而且波动较大，收入不确定性较为明显，这不利于其实现持续增收，也不利于收入分配状况的改善。

表 3.6　　　　　　　　　　　农村居民不同收入组收入增长对比　　　　　　　　单位：%

年份	低收入户（20%）	中等偏下户（20%）	中等收入户（20%）	中等偏上户（20%）	高收入户（20%）
2003	1.038506	3.77907	5.04159	5.800066	7.519905
2004	16.29518	14.67165	13.4398	12.51091	9.202918

续表

年份	低收入户 （20%）	中等偏下户 （20%）	中等收入户 （20%）	中等偏上户 （20%）	高收入户 （20%）
2005	5.978153	9.559223	10.56387	10.95621	11.77896
2006	10.80397	10.09265	10.43494	11.07336	9.388956
2007	13.90275	16.19262	16.20772	15.36455	15.52721
2008	11.35199	13.68038	14.87646	15.57176	15.31555
2009	3.30044	5.965928	7.113797	9.091522	9.113213
2010	20.68676	16.43356	15.98365	15.04422	14.0481
2011	6.990052	17.52182	18.88274	19.52800	19.45522
2012	15.78105	12.96614	13.42365	14.03818	13.26215
2013 年	11.5275	14.74571	12.79790	12.13654	11.90548
总平均	11.66517	13.55035	13.88534	14.13765	13.67725

资料来源：根据表 3.5 结果计算的。

3.5 城乡收入差距

表 3.7 给出了 1980 年以来城乡居民的人均收入对比情况。从人均收入视角看，城乡居民的人均收入水平均有较快增长，与经济发展同步。但从城乡收入比来看，在中国经济发展过程中，城乡收入比存在着 U 型特征，下降阶段主要出现在 20 世纪 80 年代初期，此后则一直处于上升阶段，说明城乡收入差距不断拉大。1980 年的比值为 2.5，到 2013 年则达到了 3.0，其中最高的几个年份甚至达到了 3.3。这说明，在我国这样一个城乡二元格局非常明显的社会中，城乡居民人均收入本来就差异较大，但近几十年的经济发展并没有有效地融合城乡差异，反而使得城乡收入差距进一步扩大。另外，表 3.7 也同时给出了城乡居民家庭的恩格尔系数。可以看到，城镇居民家庭的恩格尔系数有着明显降低，农村居民家庭也呈现出相同趋势。到 2013 年，城乡居民家庭的恩格尔系数差异只有 2.7 个百分点，说明从基本生活保障上看，城乡居民家庭的差异已基本不大。这或许也是近年来城乡收入差距缩减的另一表现。

表 3.7 城乡居民收入情况对比

年份	城镇居民家庭人均可支配收入（元）	农村居民家庭人均纯收入（元）	城乡收入比	城镇居民家庭恩格尔系数（%）	农村居民家庭恩格尔系数（%）
1980	477.6	191.3	2.5	56.9	61.8
1981	500.4	223.4	2.2	56.7	59.9
1982	535.3	270.1	2.0	58.6	60.7
1983	564.6	309.8	1.8	59.2	59.4
1984	652.1	355.3	1.8	58.0	59.2
1985	739.1	397.6	1.9	53.3	57.8
1986	900.9	423.8	2.1	52.4	56.4
1987	1002.1	462.6	2.2	53.5	55.8
1988	1180.2	544.9	2.2	51.4	54.0
1989	1373.9	601.5	2.3	54.5	54.8
1990	1510.2	686.3	2.2	54.2	58.8
1991	1700.6	708.6	2.4	53.8	57.6
1992	2026.6	784.0	2.6	53.0	57.6
1993	2577.4	921.6	2.8	50.3	58.1
1994	3496.2	1221.0	2.9	50.0	58.9
1995	4283.0	1577.7	2.7	50.1	58.6
1996	4838.9	1926.1	2.5	48.8	56.3
1997	5160.3	2090.1	2.5	46.6	55.1
1998	5425.1	2162.0	2.5	44.7	53.4
1999	5854.0	2210.3	2.6	42.1	52.6
2000	6280.0	2253.4	2.8	39.4	49.1
2001	6859.6	2366.4	2.9	38.2	47.7
2002	7702.8	2475.6	3.1	37.7	46.2
2003	8472.2	2622.2	3.2	37.1	45.6
2004	9421.6	2936.4	3.2	37.7	47.2
2005	10493.0	3254.9	3.2	36.7	45.5
2006	11759.5	3587.0	3.3	35.8	43.0
2007	13785.8	4140.4	3.3	36.3	43.1

续表

年份	城镇居民家庭人均可支配收入（元）	农村居民家庭人均纯收入（元）	城乡收入比	城镇居民家庭恩格尔系数（%）	农村居民家庭恩格尔系数（%）
2008	15780.8	4760.6	3.3	37.9	43.7
2009	17174.7	5153.2	3.3	36.5	41.0
2010	19109.4	5919.0	3.2	35.7	41.1
2011	21809.8	6977.3	3.1	36.3	40.4
2012	24564.7	7916.6	3.1	36.2	39.3
2013	26955.1	8895.5	3.0	35.0	37.7
2014	28844.0	9497.0	3.0	33.8	35.0

资料来源：国家统计局数据库。

　　图 3.5 表示出 1981～2013 年间城乡居民人均收入年度增速对比。在这 34 年间，只有 19 个年份的城镇居民人均收入增速要高于对应的农村居民，差距最大的时候出现在 1999～2003 年间，城镇居民收入增速维持在 8% 以上的高位，但同时期农村居民收入增速却保持了 3% 以下的低位。在城乡收入差距本就很大的情况看，城乡居民收入差距可能进一步扩大。从 34 年间的年均增速来看，城镇居民人均收入年均增长 12.9%，农村居民人均收入年均增长

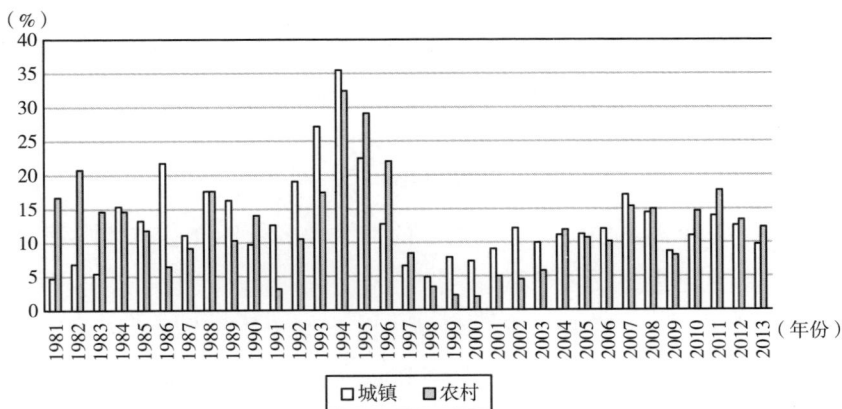

图 3.5　1981～2013 年城乡居民人均收入年度增速对比

资料来源：根据表 3.7 的数据进行计算。

12.3%，总体上并未出现明显差距。特别是自 2007 年以来，随着国家对农村发展的投入加大和城乡统筹的进一步推进，农村居民收入增速加快，高于同一时期的城镇居民人均收入增速。综上所述，城乡居民收入差距较大的格局如同我国的城乡二元结构一样，并未出现明显改变，城乡收入差距较大的现实问题依然存在。

城乡收入差距的形成，既是劳动生产率城乡差异的必然结果，又可从政策上追溯到以资本密集型部门为优先发展对象的政策导向，它造成城市部门就业需求的相对下降，进而延缓城市化进程，农村居民不能有效地向城市转移，城乡收入差距扩大（陈斌开、林毅夫，2013）。但中国政府推进城乡经济一体化的战略对城乡收入差距具有正向效应，使得中国城乡经济一体化对城乡收入差距效应发生了非线性转换：20 世纪末至 21 世纪初期为一个节点，在此以前城乡经济的持续分割推动了城乡收入差距的扩大，此后城乡经济的一体化阻滞了城乡收入差距的扩大（欧阳志刚，2014）。

3.6 地区收入差距

由于各地区资源禀赋以及发展基础的差异，改革开放以来我国地区间经济增长并不平衡，特别是近些年来尤为如此，总体上呈现出"东高西低"的格局。由于经济发展水平差距的客观存在，必然引致各地区居民在收入水平上存在较大差异。在此，采用各地区城镇（农村）居民人均收入水平的标准差进行考察。标准差反映出一个数据集的离散程度，标准差越大则各地区人均收入水平差别越大，反之越小。

图 3.6 给出了 2000～2013 年间城镇居民人均可支配收入的标准差，不难看到，该数值一直处于上升趋势，从 2000 年的 1799 上升到 2013 年的 6354，后者是前者的 3 倍多。这至少可以说明，各地城镇居民人均可支配收入的差异性仍然在不断扩大，地区间的收入差距并未表现出缩减态势。

图 3.7 揭示出各地区农村居民人均纯收入的标准差变化情况，该数值从

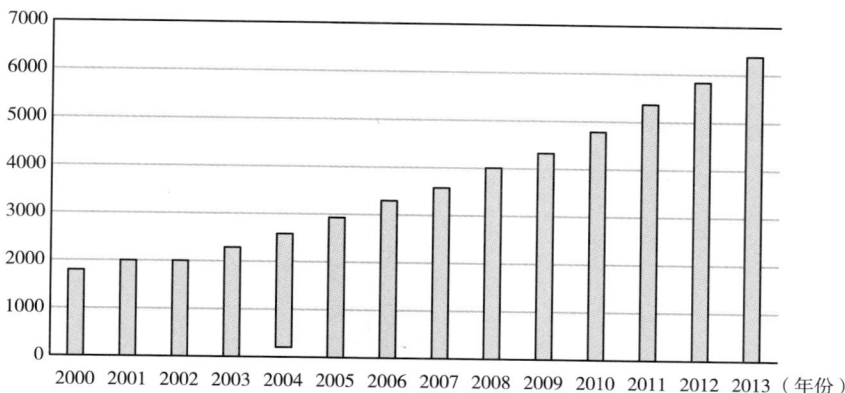

图 3.6 2000～2013 年各地区城镇居民人均可支配收入的标准差

说明：收集 2000～2013 年间，全国 31 个省级地区的城镇居民人均可支配收入数据，并采用标准差的计算公式进行测算。

资料来源：国家统计局数据库。

2000 年的 1040 上升到 2013 年的 3659，后者是前者的 3 倍多，说明各地区农村居民人均纯收入水平同样存在着较大的差异。从各地区内部的收入差距来看，东中西三大板块内部的收入差距呈现出一定差异，表现为西部地区内部收入差距最大，明显大于东部和中部；同时，农村内部的收入差距也要大于城镇内部（周云波、高连水、武鹏，2010）。就地区收入差距的形成原因而言，居民地区收入差距的拉大是由物质资本、人力资本、政府政策、全球化、城镇化和经济体制改革等诸多因素造成的；就各影响因素的贡献度来看，物质资本因素对于居民地区收入差距具有 34.5% 的贡献，人力资本、政府政策和全球化因素的贡献度均超过 10%，而城镇化和经济体制改革因素的贡献度相对较低（高连水，2011）。并且，从实际情况看，各地区之间的地区收入差距仍未呈现出明显的收敛态势。程艳、高君杰（2014）的一项研究就指出：目前中国工业化进程中的收入差距与地区间实施的发展路径有关联，多数地区长期遵循的市场经营模式所形成的路径依赖与个别地区注重技术创新的发展路径相冲突，阻碍市场潜力的发挥，从而导致整体出现集聚规模较低和集聚密度居高不下的现象，以至于地区间收入差距难以收敛。

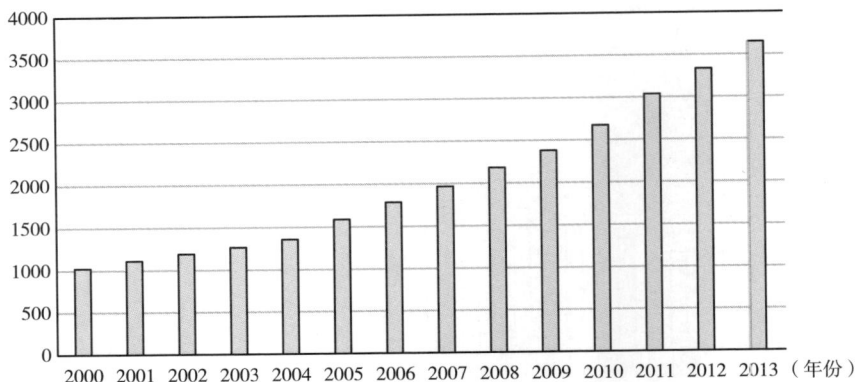

图 3.7　2000～2013 年各地区农村居民人均纯收入的标准差

说明：数据来源和指标计算方法同表 3.5。

3.7　行业收入差距

　　有关我国收入分配差距，一个不容忽视的事实在于明显的行业间收入差距。表 3.8 给出了代表性年份行业的平均收入水平，可以看出：①不同行业间的收入差距非常明显，无论是 2003 年还是 2013 年；2013 年收入水平最高行业为金融业（99653 元），最低的行业为农林牧渔业（25820 元），前者是后者的 3.85 倍。②收入水平较高的行业是金融业、信息产业、科学研究业、采矿业、公用事业服务业，上述行业要么属于或多或少具有一定垄断性质的行业，要么属于技术密集型和资源密集型行业，对生产要素的需求水平较高。相比之下，收入水平较低的行业除了农林牧渔业之外，主要在于批发零售业、一般性社会服务业、建筑业，这些行业相比而言进入门槛相对较低、竞争性较强，因此行业营利性相对不强，导致行业平均收入水平偏低。

表 3.8	代表性年份行业收入水平				单位：元
指标	2013 年	2010 年	2007 年	2005 年	2003 年
城镇单位就业人员平均工资	51483	36539	24721	18200	13969
农、林、牧、渔业城镇单位就业人员平均工资	25820	16717	10847	8207	6884
采矿业城镇单位就业人员平均工资	60138	44196	28185	20449	13627
制造业城镇单位就业人员平均工资	46431	30916	21144	15934	12671
电力、燃气及水的生产和供应业城镇单位就业人员平均工资	67085	47309	33470	24750	18574
建筑业城镇单位就业人员平均工资	42072	27529	18482	14112	11328
交通运输、仓储和邮政业城镇单位就业人员平均工资	57993	40466	27903	20911	15753
信息传输、计算机服务和软件业城镇单位就业人员平均工资	90915	64436	47700	38799	30897
批发和零售业城镇单位就业人员平均工资	50308	33635	21074	15256	10894
住宿和餐饮业城镇单位就业人员平均工资	34044	23382	17046	13876	11198
金融业城镇单位就业人员平均工资	99653	70146	44011	29229	20780
房地产业城镇单位就业人员平均工资	51048	35870	26085	20253	17085
租赁和商务服务业城镇单位就业人员平均工资	62538	39566	27807	21233	17020
科学研究、技术服务和地质勘查业城镇单位就业人员平均工资	76602	56376	38432	27155	20442
水利、环境和公共设施管理业城镇单位就业人员平均工资	36123	25544	18383	14322	11774
居民服务和其他服务业城镇单位就业人员平均工资	38429	28206	20370	15747	12665
教育城镇单位就业人员平均工资	51950	38968	25908	18259	14189
卫生、社会保障和社会福利业城镇单位就业人员平均工资	57979	40232	27892	20808	16185
文化、体育和娱乐业城镇单位就业人员平均工资	59336	41428	30430	22670	17098
公共管理和社会组织城镇单位就业人员平均工资	49259	38242	27731	20234	15355

资料来源：国家统计局数据库。

既然行业收入差距是客观存在的，那么，这种收入差距有没有缩减的趋势呢？图 3.8 给出了不同行业平均收入自 2003～2013 年间的年均增速。对比不难发现，高收入行业的年均增速往往较高，而低收入行业的年均增速则相对较低，在初始行业收入差距存在的情况下，会导致行业间收入差距同样呈现出贫富两极分化。

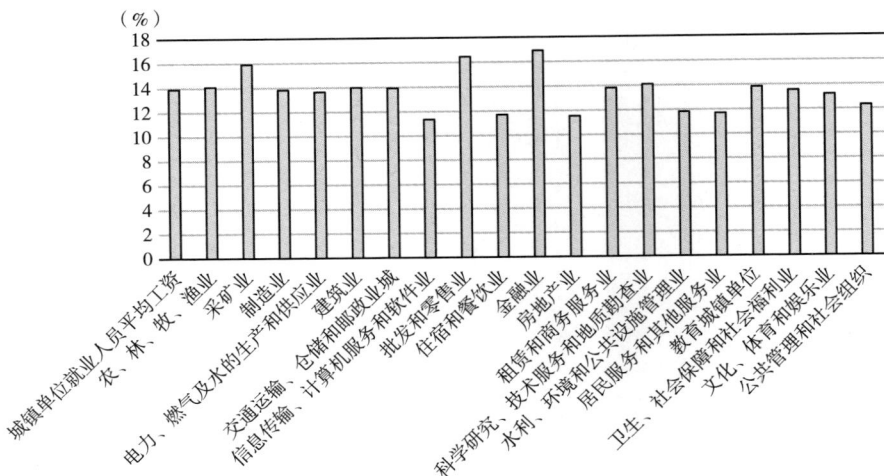

图 3.8　2003～2013 年间分行业平均工资年均增速

资料来源：根据国家统计局数据库相应数据计算。

于是，令人感兴趣的问题是，行业收入差距的来源是什么呢？是劳动生产率行业差异的客观体现？还是垄断等其他因素所引致的结果？对此，王敬勇（2013）的一份研究表明，尽管人力资本水平差异是行业收入差距形成的显性原因，但行业垄断因素对行业收入差距的贡献度更大；但是，在垄断部门中，人力资本对收入差距的作用却并不十分明显。人力资本理论能够部分地解释"各类专业技术人员"的行业收入差距，但不能解释"国家机关、党群组织和企事业单位负责人"的行业收入差距（葛玉好等，2014），因而对行业收入差距的解释度有限。诚然，垄断因素对行业收入差距的贡献非常明显。武鹏（2011）的一项研究表明，垄断行业与非垄断行业间的收入愈发呈现两极分化的态势，特别值得注意的是垄断行业内部的差距是行业差距形成的重要原因，垄断行业的过高收入水平导致我国行业收入差距上升了 25% 左右。

3.8　本章小结

　　本章结合全国层面的统计数据，从初次分配、城镇、农村、城乡、地区、行业这几个维度，对我国当前的收入分配状况进行了简要归纳。就初次分配而言，劳动收入占比的降低在整体上压缩了劳动者的收入空间，这反而有利于那些集聚资本的个体财富增长。总体上，我国收入分配差距处于较高水平，不仅高于国际公认的警戒线水平，而且这种差距在近年来尚未出现缩减的趋势。城镇内部的收入差距仍然十分明显，农村内部的收入差距则波动更大，同时收入分配差距的两极分化效应更加显著。所以，城镇内部和农村内部的极化效应正在加强，这显然不利于收入分配差距的改善。值得注意的是城乡收入差距，多数学者的研究认为城乡差距是引致收入分配差距的最重要原因，遗憾的是，统计数据表明城乡收入差距在近年来并未出现明显下降趋势。尽管近年来我国农村居民的收入增速要逐步高于城镇居民，但城乡收入差距较大的格局并未改变。地区收入差距方面，东高西低仍是当前地区收入差距的核心表现，并且地区收入差距也并未有效缩减。最后，从行业收入差距而言，行业间的收入差距也未出现明显缩减；其中，垄断对行业收入差距的解释度最大，人力资本所引致的劳动生产率差异仅能部分地阐释行业收入差距的形成原因。因此，总的说来，我国的收入分配差距仍然较大，虽然没有明显加深，但也未出现缩减趋势。

第4章　我国居民贫富分化的测度
——极化效应

通常，较为均衡的社会收入结构应是中等收入者占多数的橄榄型分布，其对应着较低的贫富分化水平。但根据国家统计局在 2013 年 1 月 18 日公布的最新数据，2012 年反映收入不平等的基尼系数为 0.474，民间调查则认为应在 0.6 左右。尚且不论基尼系数的精确数值，上述数据一致表明：经过 30 多年的经济高速增长，中国已迅速转变为一个收入分配不平等程度较为严重的国家，贫富分化现象日益突出。

收入不平等程度的加深固然令人担忧，但更令人忧虑的是收入格局的僵化，即贫富两极分化。收入极化不等同于基尼系数，其描述的是在收入分布中，人口向高收入和低收入两端聚集的程度，收入极化效应越大对应着中等收入群体占比越低，意味着收入结构越不均衡。那么，我国中等收入者比重如何？变化趋势怎样？影响因素及作用机制有哪些？以上问题非常重要，相关研究还需进一步深入。

本章以转型期中国经济的发展为背景，结合 CGSS（中国综合社会调查）在 2003 年、2005 年和 2008 年的调查数据，运用极化指数对我国城镇中等收入群体占比进行了系统性测度；在此基础上，采用 Mlogit 模型实证探讨了引致收入阶层分化的重要因素。

4.1　研究方法与数据来源

4.1.1　收入极化效应的测度

收入极化效应的上升通常对应着中等收入者比重的下降和收入不平等的加深，本书拟运用收入数据测度收入两极分化程度。通常有三种指标用于测度收入两极分化，开创性的计算方式来自于沃尔夫森和福斯特（Wolfson & Foster，1994），它将极化指数测度描述为

$$P_{FW} = 2\left[1 - 2L(0.5) - G\right]\frac{\overline{y}}{m} \qquad (4.1)$$

其中，y 代表收入水平，则 $\overline{y}$ 表示收入的均值，m 表示样本收入的中位数。$L(0.5)$ 表示收入低于中位数的样本收入总和，占样本总收入的比例。G 代表样本总体的基尼系数。极化指数 P_{FW} 在 0～1 之间，越接近 0，说明收入分配越均等（即所有人收入相同）；反之，则说明两极分化程度越大（只有一半的人占据全部收入，呈现出单极的极端分布）。

王和崔（Wang & Tsui，2000）首先定义了一种极化效应最小的情形（即绝大多数的样本集中在中位数附近），那么，与这种情形的相对距离就反映出两极分化程度。其测度公式为

$$P_{WT} = \frac{\theta}{n}\sum_{i=1}^{n}\left|\frac{y_i - m}{m}\right|^r \qquad (4.2)$$

式（4.2）中，θ 为一正常数[1]，n 代表样本数。参数 r 通常取值为 0.25、0.5 和 1，用来使最终计算出的极化指数位于 0～1 之间，便于和其他极化指数的比较。该极化指数越接近 1 说明极化效应越大；反之反是。

米拉诺维奇（Milanovic，2000）的方法与王和崔（Wang & Tsui，2000）有所不同，他把单极极端分布作为两极分化的特殊情况（即两极分化程度最大），然后通过计算个体收入相对位置排序与这种极端分化的相对距离，来度量极化指数。该指标同样位于 0～1 之间，越靠近 1 说明两极分化越严重。其计算公式为

$$P_M = 1 - \left[\sum_{i=1}^{n(m)} w_i(y_i/\overline{y} - 0) + \sum_{i=n(m+1)}^{n} w_i(2 - y_i/\overline{y})\right] \qquad (4.3)$$

式（4.3）中，$n(m)$ 表示小于中位数收入的样本量，$n(m+1)$ 则代表大于中位数收入的样本量。$w_i = 2(n - i + 1)/n(n + 1)$ 代表权重，取决于个体收入相对位置的排序。

极化效应的大小固然值得关注，更令人感兴趣的是不同时期极化效应的变化。但纵向对比往往存在一个标准界定问题，即由于不同时期内对中等收入群

---

① 为简便起见，通常可令 $\theta = 1$，本书也遵照既有文献的常用做法。

体划分标准的不一致，使比较结果存在主观性偏差。为此，沃尔夫森和福斯特（Wolfson & Foster，2010）基于偏序和随机占优的思想，提出了一种新的测度方式，其能在很大程度上降低由上述主观性标准划分而导致的测度偏差①。

通常，有两种思路可用于测度这种极化效应。如果把收入结构划分为穷人和富人两极：第Ⅰ类极化表示水平延展的极化，即组内的集聚程度不变，但组间的平均差距拉大（见图4.1）；第Ⅱ极化表示集聚的极化，即组间的平均差距不变，而穷人和富人向各自的收入区间集聚（见图4.2）。

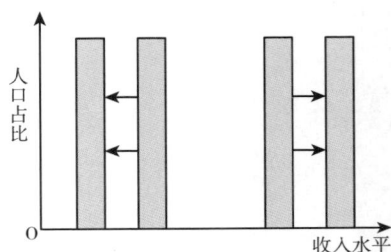

图4.1 水平延展的极化

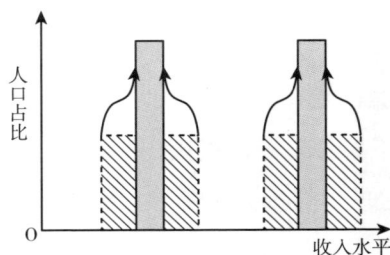

图4.2 集聚的极化

于是，可令 F 表示某一时刻的收入分布函数。为增强不同收入分布间的可比性，可将 F 进行中位数的正态化变换②。对于一个特定收入范围 R =

———————————

① 有关该极化指数的具体公理性推导，可参见沃尔夫森和福斯特（Wolfson & Foster，2010）的原文，在此仅简要介绍其基本思想和步骤。

② 即，令中位数收入 =1，并用所有收入值除以中位数收入，于是收入数据便基于中位数进行了正态化处理。

$[\underline{z}, \bar{z}], (0 \leqslant \underline{z} \leqslant 1 \leqslant \bar{z})$ 而言，令 $M_F(R)$ 表示收入位于 R 范围内的人口比例（即中等收入群体占比），则有

$$M_F(R) = M_F(\underline{z}) + M_F(\bar{z}) = [F(1) - F(\underline{z})] + [F(\bar{z}) - 1] \quad (4.4)$$

不难发现，$F(1) = 0.5$；那么 $F(\underline{z})$ 和 $F(\bar{z})$ 分别表示低于中等收入群体的比例和高于中等收入群体的比例。对于给定的人口区间 $Q = [\underline{q}, \bar{q}]$，$\underline{q} \leqslant 0.5 \leqslant \bar{q}$，其对应的收入间距可定义为 $S(F; Q) = y(\bar{q}) - y(\underline{q})$，其中 $y(q) = F^{-1}(q)$ 是第 q 百分位上的收入值。S 的数值越大，说明中等收入阶层附近的收入更少。

于是，第 I 类极化的测度如式（4.5）所示，描述的是第 q 分位数位置上某人收入与中位数收入间的距离。第 II 类极化的测度如式（4.6）所示，描述的是第一极化曲线下从中位数到第 q 分位点间的面积。

$$S_F(q) = | F^{-1}(q) - F^{-1}(0.5) | / m \quad (4.5)$$

$$B_F = | \int_q^{0.5} S_F(q) \mathrm{d}q | , 0 < q < 1 \quad (4.6)$$

在式（4.5）和式（4.6）的基础上，可得到两极分化指数为

$$P = \int_0^1 2 B_F(q) \mathrm{d}q \quad (4.7)$$

沃尔夫森和福斯特（Wolfson & Foster，2010）方法的一大优点在于，可以比较不同时期收入极化效应的大小，而不受中等收入者划分主观标准的影响。此时，可再定义另一个收入分布 G，以比较不同收入分布的中等收入群体占比（比较 $M_F(R)$ 和 $M_G(R)$），就能看出不同分布下第 I 类极化效应的变化。可以证明[①]，在满足一定条件下，无论 R 怎么划分，都有 $M_F(R) \geqslant M_G(R)$（记作 FMG），即 F 相对于 G 有更多的中等收入群体（图 4.3 和图 4.4 清晰地表明了 FMG 的形态）。即

———————

① 相关证明过程可参见沃尔夫森和福斯特（Wolfson & Foster，2010）的原文。

$$FMG \Leftrightarrow M_F(R) \geqslant M_G(R) \ \forall i = 1, \cdots, n \ \text{并且} \ M_F(R) > M_G(R) \ \text{对于某些} \ i$$

$$(4.8)$$

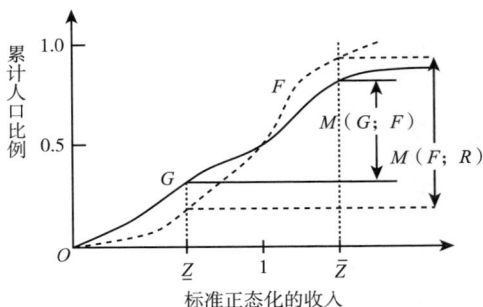

图 4.3

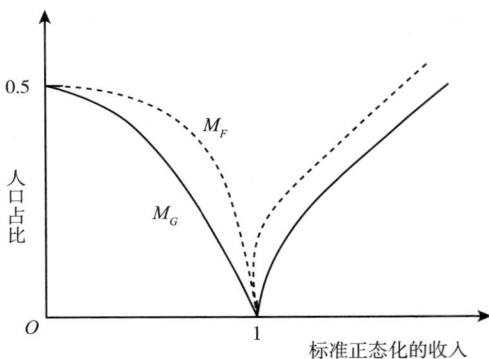

图 4.4

类似地，还可以比较不同分布下第 II 类极化的变化。即：如果 F 中个体收入与中位数之间的平均距离小于 G，则意味着 F 的极化程度小于 G。

4.1.2 数据来源

本章数据来源于 CGSS（中国综合社会调查），该调查是由中国人民大学社会学系和香港中文大学社会科学部共同执行的，是一项全国性的抽样调查，覆盖了全国 30 个省级行政区，至今已在 2003 年、2005 年、2006 年、2008 年发布了四期数据。考虑到 2005 年与 2006 年数据较为接近，本章选取了 2003 年、2005 年和 2008 年的数据来构建样本。研究数据剔除了农村、尚处于求学阶段的样本，以及教育、工作、住房等重要影响变量观测值缺失的样本。最后得到 2003 年、2005 年和 2008 年的有效样本量分别为 4718、5263 和 3197。样本的描述性统计如表 4.1 所示。

表 4.1 **样本的描述性统计**

样本变量	2003 年			2005 年			2008 年		
	低	中	高	低	中	高	低	中	高
平均年龄（Age）	42.06	44.03	44.15	45.88	45.32	43.12	43.62	44.02	40.12
平均受教育年限（Edu）	9.15	10.21	12.04	7.95	9.58	11.06	8.82	10.22	12.03
家庭人口数（Hhsize）	3.70	3.43	3.01	3.89	3.33	2.91	3.50	3.00	2.54
拥有工作个体的比例（Work）	60.26	54.02	59.61	45.04	51.48	61.88	42.87	54.47	68.07
平均户住房面积（Usablesq）	60.81	65.29	65.51	61.29	62.30	63.12	70.26	72.38	74.24
拥有产权住房比例（Hsowner）	76.43	78.69	80.32	77.50	76.49	76.43	71.16	78.08	72.80
党员比例（Poltc）	11.05	21.72	30.92	9.07	14.68	22.77	7.45	14.75	20.25
东部地区样本量占比（East）	46.61	48.96	62.78	41.26	55.69	72.17	42.14	52.37	66.44
中部地区样本量占比（Central）	25.14	24.92	18.17	25.90	21.52	13.78	25.27	20.65	16.48
父亲的平均受教育年限（F_edu）	5.03	5.70	7.00	4.39	5.67	7.06	5.07	5.96	7.44
父亲的在职工作比例（F_work）	8.59	9.35	9.41	18.30	18.03	23.31	24.03	25.91	32.22
父亲工作单位为国有（F_unit）	47.95	48.44	55.27	36.02	48.18	53.67	30.38	37.19	43.90
父亲为党员的比例（F_poltc）	21.16	24.01	28.10	15.21	18.69	19.56	14.09	15.81	21.13

说明：①低、中、高分别为低收入群体、中等收入群体、高等收入群体，中等收入群体的划分标准为收入中位数的［75%，125%］；②出于篇幅考虑，以［75%，150%］、［50%，150%］标准进行阶层划分的描述性统计结果未列在此表中，相关结果备索。

4.2 收入极化效应的测算及分析

接下来，可根据上述样本，对收入极化效应进行计算，并以此判断出近年来我国城镇地区中等收入群体占比的变化趋势。

表 4.2 收入分布的结构描述

	2003 年	2005 年	2008 年	2005 ~ 2003 年	2008 ~ 2005 年
收入状况					
均值（元）	8039	9456	24460	1417	15004
中位数（元）	5000	6500	15000	1500	8500
中位数/均值	0.6219	0.6873	0.6132	0.0654	−0.0741
不同分位点所对应的收入水平（元）					
20% 分位点	2000	5000	7000	3000	2000
40% 分位点	3960	7666	12090	3706	4424
60% 分位点	6100	11500	20000	5400	8500
80% 分位点	10000	19500	30000	9500	10500
90% 分位点	15000	28000	48000	13000	20000
95% 分位点	21666	40000	60000	18334	20000
收入占比统计（%）					
最低 20%	3.18	4.31	3.58	1.11	−0.72
（20%，40%）	7.31	9.51	7.66	2.21	−1.84
（40%，60%）	12.23	12.47	17.64	0.23	5.17
（60%，80%）	23.06	19.63	16.83	−3.43	−2.79
（80%，90%）	12.41	15.83	14.05	3.42	−1.77
最高 20%	54.19	54.07	54.27	−0.11	0.19
最高 10%	41.77	38.23	40.21	−3.54	1.97
最高 5%	31.96	28.99	29.18	−2.96	0.18
人口占比统计（%）					
<中位数的 40%	20.19	17.8	17.64	−2.39	−0.16
<中位数的 50%	26.00	22.80	23.24	−3.20	0.44
<中位数的 60%	31.58	28.76	26.52	−2.82	−2.24
中位数的［60%，75%］	10.78	6.89	11.6	−3.89	4.71
中位数的［75%，100%］	14.79	14.51	14.57	−0.28	0.06
中位数的［100%，125%］	12.14	13.58	11.94	1.44	−1.64
中位数的［125%，150%］	10.02	4.88	10.19	−5.14	5.31
>中位数的 200%	22.44	17.74	24.11	−4.70	6.37

根据表 4.2 不难发现以下特点：①无论是平均收入还是中位数收入，2003～2008 年间居民收入水平都呈现出明显增长。②从不同分位点所对应的收入水平来看，不同收入阶层的收入水平有着较大差异，平均而言最高 20% 百分位与最低 20% 百分位的收入比值接近 5，表面高、低阶层收入差距较大。③就收入集中度而言，样本统计表明最高 20% 收入群体的收入总和占比大都达到了 50% 以上，而最低 20% 的收入占比还不足 5%，收入分布呈现出明显地向高收入阶层积聚的特征。④就不同收入区间内的人口占比而言，处于中位数 60% 以下的样本和处于中位数 200% 以上的样本，二者所占比重较大；一是粗略描绘了两极分化程度，二是表明中等收入者比重始终处于一个较为固定的区间。

那么，在收入分配差距较大的情况下，中等收入者比重有何变化呢？接下来将利用极化指数和极化曲线进行深入分析。

从不同年份极化指数的数值看（见表 4.3），无论采用何种方法，2003～2008 年间收入的两极分化程度大致呈现出 U 型变化特征，即 2003 年和 2008 年的极化效应较大，而 2005 年的极化效应略有降低。但总体说来，近年来我国城镇居民收入的两极分化程度始终处于一个较高的水平，其对应着中等收入者比重显著偏低。

表 4.3　　　　　　　　　　　　　极化指数

		2003 年	2005 年	2008 年
PFW		0.50	0.39	0.49
PWT	r = 0.25	0.80	0.76	0.80
	r = 0.5	0.70	0.65	0.72
	r = 1	0.60	0.53	0.60
PM		0.51	0.50	0.51
P		0.18	0.16	0.18

为更深入地考察上述变化的内在原因，可对收入结构进行进一步解析。表 4.4 中 M Pop-share 的数值表明，无论采用何种标准来界定中等收入阶层，2005 年位于中等收入阶层内的人口占比平均而言要高于 2003 年和 2008 年，

说明 2005 年的收入两极分化效应相对较低，其印证了 2005 年的极化指数要低于 2003 年和 2008 年。进一步，为避免中等收入阶层划分对结果的主观性影响，还可利用 M 极化曲线进行分析，其反映出居民收入在中位数附近的集中度。从图 4.5 和图 4.6 不难发现，2005 年的 M 曲线高于 2003 年，这表明无论中等收入阶层的划分标准如何，相对于 2003 年，2005 年收入分布中有更多个体集中在中位数附近，反映出 2005 年收入两极分化程度较低、中等收入者比重较高。同理，与 2008 年相比，2005 年的极化曲线位于其上方，说明 2005 年的收入分布中更多个体集中在中位数附近，2005 年体现出更高的中等收入者占比和更低的两极分化程度。

表 4.4 　　　　　　　　收入极化效应的结构解析

		2003 年	2005 年	2008 年	2005 ~ 2003 年	2008 ~ 2005 年
M Pop-share						
	中位数的［75%，150%］	30.60	32.67	29.89	2.07	- 2.78
	中位数的［75%，125%］	21.16	27.79	19.73	6.63	- 8.06
	中位数的［150%，125%］	44.21	45.53	43.93	1.32	- 1.6
S Distance						
	40% to 60%	42.21	38.46	52.73	- 3.75	14.27
	35% to 65%	66.67	56.26	66.67	- 10.41	10.41
	30% to 70%	90	92.31	91.45	2.31	- 0.86
	25% to 75%	125	102.56	124.45	- 22.44	21.89
	20% to 80%	160	140.26	153.33	- 19.74	13.07
B Distance						
	40% to 60%	1.30	1.13	1.26	- 0.17	0.13
	35% to 65%	1.41	1.23	1.32	- 0.17	0.08
	30% to 70%	1.61	1.37	1.61	- 0.24	0.24
	25% to 75%	1.89	1.40	1.85	- 0.49	0.44
	20% to 80%	2.05	1.80	1.91	- 0.24	0.11

说明：①M Pop-share 指在 M 曲线中，一定收入区间所对应的人口占比；②S Distance 指给定人口区间内，其对应的收入中位数与样本收入中位数之间的平均距离；③B Distance 指给定人口区间内，样本点与中位数之间的累计距离加权和。

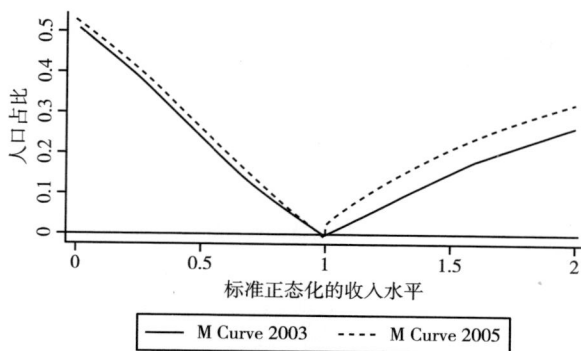

图 4.5　2003～2005 年的 M 曲线

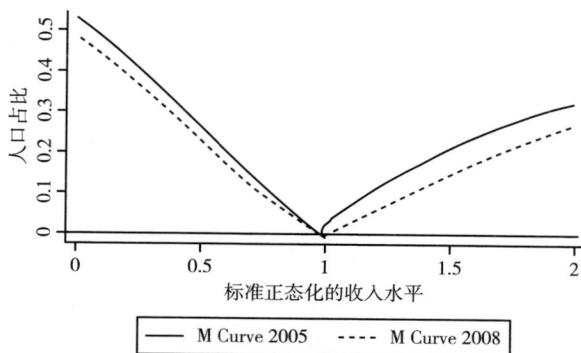

图 4.6　2005～2008 年的 M 曲线

接下来，还可以从第 I 类极化曲线考察极化效应的变化。可以看到（见表 4.4 的 S Distance），无论选择哪种人口区间，2005 年的 S 距离数值大都小于 2003 年和 2008 年，表明位于中位数附近的人口比例相对更多，即 2005 年的收入极化效应更低。这个结果也同样可以从图 4.7 和图 4.8 得到。不难发现，图 4.7 中 2005 年的 S 曲线要高于 2003 年的 S 曲线，图 4.8 中 2008 年的 S 曲线也要高于 2005 年，说明 2005 年的收入极化效应要低于 2003 年和 2008 年。

就第 II 类极化曲线而言，无论图 4.9 还是图 4.10，2003 年的 B 曲线都位于最下方，说明 2003 年的收入极化效应低于上述两个年份。结合表 4.3 中的

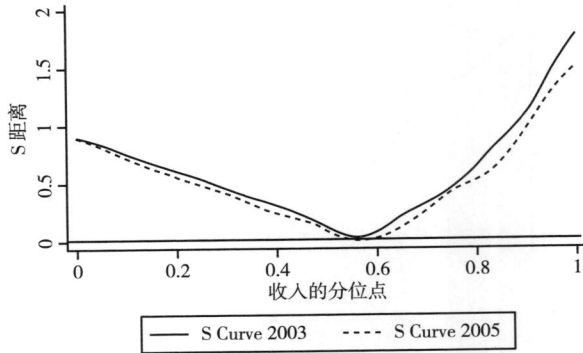

图 4.7 2003～2005 年的 S 曲线

说明：纵坐标中的 S 距离，指给定人口区间内，其对应的收入中位数与样本收入中位数之间的平均距离。这与表 4.3 中关于 S Distance 的含义一致。

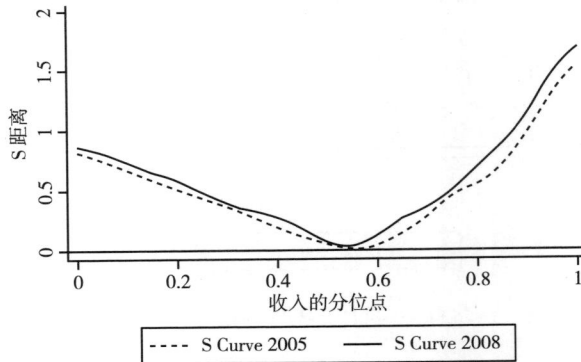

图 4.8 2005～2008 年的 S 曲线

B Distance 也可以看出，2005 年的数值普遍低于 2003 年和 2008 年，意味着无论在哪个给定人口区间，样本点离中位数的加权距离之和最小，收入极化效应最小。

综上所述，收入极化效应在这三年间呈现出两端高、中间低的 U 型特征，说明中等收入者比重长期保持在一个相对较低的固化区间（除 2005 年有所扩大）。那么，形成上述特征的原因何在？接下来，将采用 Logit 模型，结合年龄、教育、职业等微观因素进行探讨。

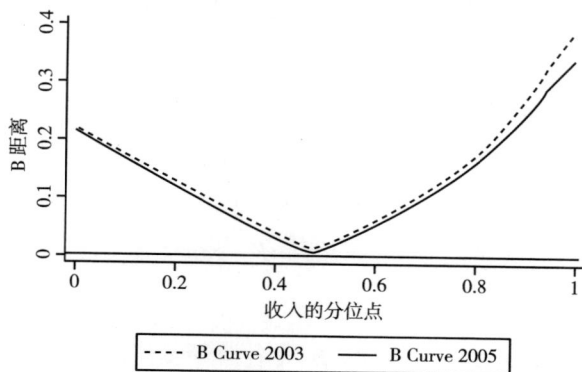

图 4.9　2003～2005 年的 B 曲线

说明：纵坐标中的 B 距离，指给定人口区间内，样本点与中位数之间的累计距离加权和。这与表 3.4 中关于 B Distance 的含义一致。

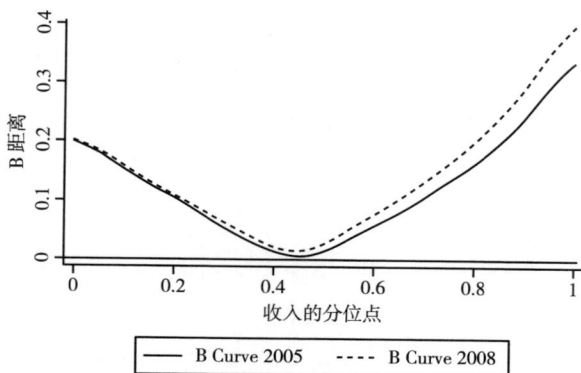

图 4.10　2005～2008 年的 B 曲线

4.3　影响中等收入群体形成的因素探讨

影响个体收入水平的因素很多，如以住房、土地等形式表征的物质资本，以教育、培训为代理指标的人力资本水平，以父辈教育和职业等表示的家庭遗传因素，等等。那么，令人感兴趣的问题是，上述变量对中等收入群体的形成有何影响？在此拟建立一个多项 Logit 模型（multinomail logit model）进行分析，模型的设定形式如下：

$$
\begin{aligned}
Mlogit = {} & \alpha + \beta_1 \times Age + \beta_2 \times Age^2 + \beta_3 \times Sex + \beta_4 \times Marital + \beta_5 \times Work \\
& + \beta_6 \times Edu + \beta_7 \times Poltc + \beta_8 \times Hsowner + \beta_9 \times Hhsize \\
& + \beta_{10} \times Usablesq + \beta_{11} \times F\_Work + \beta_{12} \times F\_poltc \\
& + \beta_{13} \times F\_wkunit + \beta_{14} \times F\_edu \\
& + \beta_{15} \times East + \beta_{16} \times Central + e_i
\end{aligned}
\tag{4.9}
$$

式（4.9）中，α 表示常数项，β_i 是各解释变量的估计系数，e_i 是随机误差项。Mlogit 是被解释变量，表示个体所处的收入等级。考虑到可能存在的家庭内部收入转移，本研究以家庭人均收入作为收入阶层的划分。当 $M=1$ 时，表示个体处于低收入阶层；当 $M=2$ 时，表明个体处于中等收入阶层；当 $M=3$ 时，则处于高收入阶层。因此，被解释变量的取值就是 1、2、3，属于多项名义 Logit 模型。通常有三种标准用于划分收入阶层：收入中位数的 [75%，125%]、[75%，150%] 和 [50%，150%]，第一种的划分标准最为严格。为尽可能地降低主观标准对估计结果的影响，同时采用三种划分标准进行估计。本章实证结果中只列出了按照 [75%，125%] 进行估计的结果，其他估计结果备索①。

式（4.9）中，Age 表示年龄，Age^2 表示年龄的平方。经验分析表明，个体收入水平呈现出随年龄先上升后下降的倒 U 型关系，这必然会影响到个体所处的收入阶层。Sex 和 Marital 分别为性别（1 = 男性）和婚姻（1 = 已婚）的虚拟变量，是模型中控制的重要人口学因素。虚拟变量 Work = 1 代表被访者有工作，用以考察职业对个体所处收入阶层的影响。Hhsize 为被访者家庭的常住人口数，一般而言家庭人口数越多表明家庭负担越大，容易使家庭陷入相对较低的收入阶层。

收入阶层的形成因素中，物质资本、人力资本、政治资本都是重要变量。

---

① 通过比较不难发现，即使采用 [75%，150%] 和 [50%，150%] 这两种收入阶层划分标准，估计系数的符号和显著性基本一致，估计系数的大小也无明显差异（变化幅度不超过 10%）。因此估计结果较为稳健。

Edu 是表示被访者受教育程度（年），是人力资本的代理指标，个体受教育年限的提升是否有助于其进入更高的收入阶层是实证检验将要回答的重要问题。变量 Hsowner 和 Usablesq 分别表示是否拥有自主产权住房和户平均住房使用面积①，二者用以表征被访者的物资资本积累，其会造成居民在财富和收入上的阶层分化。Poltc 表示是否为党员（1 = 是），是政治资本的代理变量，用以考察个体是否因为其政治身份而有更高的概率进入相对高的收入阶层。

为考察父辈对子女的代际传递效应，式（4.9）中加入了父亲的相关特征变量。F_work 表示父亲是否在职工作（在职 = 1），父亲在职工作意味着家庭总收入水平较高，会提高家庭人均收入水平。F_poltc 表示父亲是否为党员（1 = 是），用以考察父亲的政治状态是否会对子女所处收入阶层产生影响；F_wkunit 表示父亲的单位性质，如果为国有部门则取 1②；国有部门在我国经济和社会生活中有较大影响力，其职员拥有更高的收入和更多社会资源的可能性相对较大，对子女也存在长远影响。F_edu 是父亲的受教育水平，经验分析表明父辈的受教育程度对子女的教育成就和收入水平都有明显作用。

最后，East 和 Central 是地区虚拟变量，以分析地区因素对收入阶层的影响。中国地区间收入差距通常被认为是引致收入不平等扩大的一个重要原因。

就估计方法而言，若采用多项名义 Logit（multinomial Logit，MLM）方法估计式（4.9），其基本思想是选择一个结果作为参照系（本书中取 $M = 2$），通过对回归系数的估计能够得到 $M = 1$（以及 $M = 3$）与 $M = 2$ 的发生概率之比，从而判断自变量的变化是有利于 $M = 1$ 的发生还是 $M = 3$ 的发生。另外，如果认为高收入阶层优于低收入阶层③，那么式（4.9）就应采用 Order Logit（有序 Logit）方法进行估计，在该假定下其估计效率要优于采用 MLM 模型。Order Logit 的估计方法仍为极大似然法。为保证实证结果的稳健性，本书同

---

① Hsowner = 1 表示拥有自主产权住房（含全产权和部分产权），住房面积的单位是平方米。

② 目前工作或者退休以前的单位是何种性质。国有部门包括机关、事业单位和国有企业。

③ 即认为高收入阶层 > 中等收入阶层 > 低收入阶层，即 $M = 3 > M = 2 > M = 1$。

时采用 MLM 和 Order Logit 方法进行估计，并综合二者的估计结果进行实证分析。

表 4.5 　　　　　　　　　　　　Mlogit 模型的估计结果

解释变量	2003 年		2005 年		2008 年	
	$M=1$	$M=3$	$M=1$	$M=3$	$M=1$	$M=3$
Age	0.12 *** (4.91)	-0.04 * (-1.66)	0.06 *** (3.36)	-0.03 ** (-2.14)	0.12 *** (4.89)	-0.05 ** (-2.03)
Age^2	-0.0019 *** (-6.70)	0.0007 *** (2.66)	-0.0008 *** (-4.74)	0.0004 *** (2.84)	-0.0016 *** (-5.93)	0.0005 ** (2.07)
Sex	0.17 ** (2.00)	-0.39 *** (-4.34)	0.21 *** (2.80)	0.07 (1.06)	0.08 (0.82)	-0.25 *** (-2.61)
Marital	-0.27 * (-1.87)	0.01 (0.12)	-0.15 (-1.25)	-0.14 (-1.25)	-0.24 (-1.60)	0.04 (0.28)
Work	-1.02 *** (-10.03)	0.45 *** (4.10)	-0.34 *** (-4.15)	0.47 *** (5.45)	-0.73 *** (-6.73)	0.51 *** (4.48)
Edu	-0.10 *** (-6.89)	0.17 *** (11.60)	-0.11 *** (-10.00)	0.13 *** (9.94)	-0.13 *** (-7.78)	0.14 *** (8.49)
Poltc	-0.30 ** (-2.48)	0.23 ** (2.16)	-0.45 *** (-3.80)	0.20 ** (1.93)	-0.29 * (-1.89)	0.27 ** (2.03)
Hsowner	-0.02 (-0.2)	0.10 (0.95)	0.12 (1.40)	0.12 (1.37)	-0.37 *** (-3.25)	-0.01 (-0.03)
Hhsize	0.19 *** (5.72)	-0.40 *** (-9.99)	0.25 *** (9.30)	-0.41 *** (-11.32)	0.38 *** (9.11)	-0.55 *** (-10.94)
Usablesq	-0.0034 *** (-3.87)	0.0035 *** (4.08)	-0.0033 *** (-3.45)	0.0028 *** (3.33)	-0.0034 *** (-3.25)	0.0025 ** (2.50)
F_work	-0.16 (-1.02)	0.08 (0.52)	-0.02 (-0.20)	0.16 (1.46)	-0.13 (-1.03)	-0.0020 (-0.02)
F_poltc	-0.01 (-0.10)	-0.03 (-0.29)	0.04 (0.48)	-0.06 (-0.63)	0.13 (0.98)	0.09 (0.72)
F_wkunit	-0.01 (-0.02)	0.04 (0.50)	-0.24 *** (-2.77)	-0.03 (-0.43)	-0.14 (-1.35)	0.05 (0.55)

续表

解释变量	2003 年		2005 年		2008 年	
	M = 1	M = 3	M = 1	M = 3	M = 1	M = 3
F_edu	− 0.02 *** （ − 2.66 ）	0.03 *** （2.90）	− 0.03 *** （ − 3.47 ）	0.03 *** （3.55）	− 0.01 （ − 1.17 ）	0.01 （1.24）
East	− 0.21 ** （ − 2.01 ）	0.67 *** （6.66）	− 0.60 *** （ − 6.80 ）	0.77 *** （8.05）	− 0.41 *** （ − 3.75 ）	0.83 *** （7.24）
Central	− 0.01 （ − 0.06 ）	− 0.08 （ − 0.65 ）	− 0.14 （ − 1.45 ）	0.06 （0.50）	− 0.06 （ − 0.52 ）	0.34 ** （2.38）
常数项	0.46 （0.8）	− 0.86 （ − 1.48 ）	0.53 （1.21）	− 0.50 （ − 1.15 ）	− 0.27 （ − 0.44 ）	0.17 （0.30）
极大似然估计量	− 3881.98		− 5009.26		− 3114.55	
模型显著性检验	P = 0.00		P = 0.00		P = 0.00	

说明：①括号内为 T 值；②＊、＊＊、＊＊＊分别表示在 10%、5% 和 1% 水平上显著。

表 4.5 给出了 2003 年、2005 年和 2008 年样本的估计值，总体来看三年样本的估计结果基本一致，可在此基础上分析其经济含义。在 $M = 1$ 时 Age 及其平方项一致为正和负，在 $M = 3$ 时却一致为负和正，说明随着年龄的增长个体由低收入阶层向高收入阶层流动的可能性先升高后降低，而高收入阶层向低收入阶层流动的可能性先降低后升高。这符合年龄与收入相互变化的一般趋势。性别变量 Sex 的估计系数并不完全显著（只在 2003 年显著），所以从稳健性的角度出发，还不能认为男性比女性更容易进入中等收入阶层。再者，婚姻变量 Marital 在各样本区间内都不显著，说明婚姻状况对居民处于何种收入阶层的影响不大，至少基于本研究的样本没有得到验证。

变量 Work（是否拥有工作）在 1% 的水平上显著，并且其符号在 $M = 1$ 时显著为负、$M = 3$ 时显著为正，说明拥有工作的个体，位于低收入阶层的可能性越小（相对于处于中等收入阶层而言），反之位于高收入阶层的可能性越大。从表 4.1 也可看到，处于低、中、高收入阶层的个体拥有工作的比例分别为 49.39%、53.32%、63.18%，拥有稳定工作作为获取收入的重要来源，对于个体在收入分布中所处的阶层位置具有重要影响。

变量 Edu（个体受教育年限）的估计系数同样表现为在 $M = 1$ 时显著为负，意味着如果个体拥有更高的教育水平，其陷入低收入阶层的可能性较小；在 $M = 3$ 时显著为正，说明个体受教育水平越高则越可能位于高收入阶层。观察表 4.1 也可发现，收入阶层越高其个体的平均受教育年限也越高[①]。因此，提高受教育水平意味着更高的人力资本投资回报，对于促进个体收入层级的提升乃至收入阶层的流动都具有重要作用。

和非党员相比，党员（变量 Poltc）位于低收入阶层的概率相对较低，而位于高收入阶层的概率相对较高。同样，通过表 4.1 也能发现高收入阶层中的党员比例平均为 24.64%，而中、低收入阶层分为别 17.05% 和 9.19%。说明政治资本大体上与个体所处收入层级呈现出正相关关系。

家庭人口数量（Hhsize）在 $M = 1$ 时显著为正、$M = 3$ 时显著为负，说明家庭人口数目越多则陷入低收入阶层可能性越大，升入高收入阶层可能性越小（相对中等收入阶层而言）。事实上，家庭人口数越多通常意味着家庭的负担越重，从人均收入来看其位于较高收入阶层的概率相应越低。这一点，可再次从表 4.1 中不同阶层中的户均人口数得到验证，明显地体现出收入层级越高、户均人口数越低的特征。

从估计系数显著性上看，是否拥有住房产权（Hsowner）对个体所处收入阶层影响不大。这可能是由于大多数样本属于城镇户籍，且拥有住房产权（全产权或部分产权），因此并未体现出明显差异。当然，如果更多地增加由农村流动到城市的人口比例，预计该变量会体现出更为明显的收入阶层区分度。而住房使用面积变量（Usablesq）则明显体现出在 $M = 1$ 时显著为负、$M = -1$ 时显著为正。住房使用面积在一定程度上表征了家庭的财富水平，因此，其值越大则表明家庭财富累积程度越高，越有利于脱离低收入阶层和进入高收入阶层。这意味着，居民居住条件的好坏对于中等收入阶层的形成具有较为重要的作用。

接下来，考察父辈对子女的传递性影响。从父亲的个体特征变量来看，

---

① 三年调查平均而言，高、中、低收入阶层的平均受教育年限分别为 11.71 年、10.21 年、8.64 年，体现出明显的差异。

父亲是否在职工作（F_work）、父亲的政治面貌（F_poltc）、父亲的工作单位性质（F_wkunit），这三个变量在三年的样本中大都不显著。说明从统计上而言，父亲职业收入的家庭内再分配、父亲政治资本以及父亲的职业属性，这三者并未显著地影响子女所处的收入层级。而值得注意的是父亲受教育程度的影响，其在 $M=1$ 时显著为负、$M=3$ 时显著为正，意味着父亲受教育程度越高，子女的收入水平及其对应的收入阶层也越高。因此，父辈对子女的收入传递效应，在教育方面体现得较为充分。

最后，考察地区因素的影响。从估计结果看，east 的估计系数一致且显著，而 central 的估计系数则不显著。意味着相对于西部地区而言，处于东部地区的个体更容易位于更高的收入阶层，体现出明显的地区差异。表 4.1 的统计也表明，高收入阶层往往大都来自于东部地区（平均 67.13%），中等收入阶层中的一半也来自于东部（平均 52.34%）。事实上，东部地区也是我国经济发展水平较高、居民人均收入水平较高的地区，这在一定程度上造成了收入差距扩大和阶层分化。

为增强结果稳健性，也采用 Order Logit 方法估计了（4.9）式。估计结果表明：①个体升入更高收入阶层的可能性随年龄的增加先增大后下降，呈现出显著的倒 U 型趋势。②总体而言，男性较女性容易升入更高收入阶层，但婚姻状况对居民收入位置的影响不大。③拥有稳定的工作、较高的受教育水平、拥有党员身份，大体上与个体处于较高的收入阶层显著正相关；但是，家庭人口的增加却明显地会使个体处于较低收入阶层。④是否拥有住房产权对个体收入阶层的影响不明显，而住房面积的大小却与收入阶层的高低显著正相关。⑤父辈对子女的影响渠道中，只有教育被模型估计结果证明是相对有效的，而父亲的工作状态、党员身份和工作单位性质，对子女的收入位次的影响尚未得到有效证实。⑥最后，处于东部地区的个体（相对于西部地区），更容易实现个体收入层级的提升，而中部地区的显著性不强，说明地区收入水平差异的存在的确是收入阶层分化的明显原因（见表 4.6）。

表 4.6   **Order Logit 的估计结果**

解释变量	被解释变量：收入阶层		
	2003 年	2005 年	2008 年
Age	−0.1248 *** (−6.53)	−0.0649 *** (−4.84)	−0.1227 *** (−6.33)
Age^2	0.0021 *** (9.53)	0.0009 *** (6.83)	0.0015 *** (7.28)
Sex	−0.4151 *** (−6.33)	−0.1121 ** (−1.97)	−0.2370 *** (−3.27)
Marital	0.1880 * (1.75)	−0.0406 (−0.45)	0.1451 (1.32)
Work	1.1898 *** (15.39)	0.5957 *** (9.22)	0.9071 *** (10.78)
Edu	0.2089 *** (18.42)	0.1787 *** (18.62)	0.1970 *** (15.30)
Poltc	0.4086 *** (4.80)	0.4316 *** (5.12)	0.3652 *** (3.37)
Hsowner	0.1084 (1.38)	0.0170 (0.25)	0.2529 *** (2.92)
Hhsize	−0.4312 *** (−14.96)	−0.4590 *** (−18.53)	−0.6563 *** (−18.55)
Usablesq	0.0050 *** (7.27)	0.0042 *** (5.86)	0.0042 *** (5.34)
F_work	−0.2046 (−1.43)	0.1697 ** (1.98)	0.0804 (0.85)
F_poltc	−0.0105 (−0.14)	−0.0926 (−1.23)	−0.0207 (−0.21)
F_wkunit	0.0473 (0.67)	0.1532 ** (2.33)	0.1437 * (1.76)
F_edu	0.0506 *** (6.26)	0.0481 *** (6.46)	0.0217 ** (2.31)

续表

解释变量	被解释变量：收入阶层		
	2003 年	2005 年	2008 年
East	0.6559 *** (8.38)	0.9898 *** (14.35)	0.8938 *** (10.62)
Central	− 0.0334 (− 0.37)	0.1451 * (1.75)	0.2606 ** (2.54)
极大似然估计量	− 3908.27	− 5027.98	− 3141.66
模型显著性检验	P = 0.00	P = 0.00	P = 0.00

说明：①括号内为 T 值；② * 、 ** 、 *** 分别表示在 10% 、5% 和 1% 水平上显著。

4.4　本章小结

根据 CGSS 在 2003 年、2005 年和 2008 年调查数据中整理出的实证样本，采用极化指数对我国城镇地区收入极化效应进行了系统测度，运用极化曲线比较了不同时期中等收入者比重的大小，并采用 Mlogit 模型深入考察了中等收入阶层的形成机制。研究发现：①收入极化效应在这三年间呈现出两端高、中间低的 U 型特征，但总体仍保持在较高水平，与之伴随的是中等收入者占比在较低水平上的固化。②就人口特征而言，个体所处收入阶层随年龄有先升高后降低的倒 U 型关系，而性别、婚姻的影响则不明显。③教育、住房等表征人力资本、物质资本的变量对个体是否处于中等收入阶层有较为明显的影响；父辈对子女的影响渠道中，只有教育被证明是相对有效的，而父亲工作状态、党员身份和工作单位性质的传递效应尚未得到足够实证支撑。④东部地区的个体相对于西部，处于中等收入阶层的概率更高。

上述结论具有明显的政策含义。第一，近年来我国收入极化效应处于较高水平，说明贫富两极分化程度较深，中等收入者比重较低，与橄榄型的均衡收入结构相距甚远。因此，收入分配改革政策的着眼点应更多放在如何增加低收入群体收入，以达到相对均衡的收入格局。第二，应以提高居民教育水平、改善住房条件、扩宽就业渠道为切入点，来提升居民的收入流动性，特别是中低收入群体向上流动的能力。第三，应注重西部地区低收入群体的增收。第四，本章对我国收入极化效应的研究仅是一个初步尝试；随着更大样本、更长时间跨度数据的出现，对我国收入极化效应的测度和比较，以及对中等收入群体形成机制的探讨将会得出更为稳健的结论，这都可以作为进一步研究的方向。

第 5 章　收入流动性的测度与分解

与收入结果的不均等相比，机会不均等更受关注、其对社会的影响更大。收入流动性的变化，既是收入分配结构变迁的结果，又被认为是一个社会机会公平与否的重要表征。收入流动性的大小是人们相对收入变化的结果，收入流动性越大说明人们相对收入变化越快，意味着个体有较高的概率来改变自身收入地位（这对低收入群体而言更加重要）。因此，如果一个社会的收入分配差距较大但同时收入流动性较高，那么这种较快的流动性将有助于缓解收入分配差距过大的负面效应，也有助于抑制长期的收入不平等；然而，如果收入分配差距较高但收入流动性却较低，将使得收入分配差距变得更难控制。当前，我国面临着收入分配差距较大的现实背景，保持一定程度的合理化收入流动有助于缩减收入分配差距，至少也能够缓解收入分配差距所引致的社会矛盾。本章对收入流动性的测度和分解，就是对中国收入流动性大小的判断和分析，也是明晰收入分配的动态结构变迁。

5.1　收入流动的测算方法

由于出发点不同，难以找到一个指标来综合地反映收入流动性。因此，只有结合不同的收入流动性测度方式，才能对收入流动性及其形成机理有一个全面而系统的认识。接下来就收入流动性的测度方式进行介绍。

5.1.1　收入流动性的测度

（1）从相对收入流动。

相对收入流动，主要是从收入转换矩阵中，个体相对收入排序的变化，来考察收入流动性。因此，首先应测算出收入转化矩阵，并在此基础上计算出相应指标。这里的收入转换矩阵（也被称为流动表），其实质是一个 n 阶的方阵，于是 P_{24} 就表示在 $t-1$ 期位于第 2 收入阶层的样本中，有 P_{24} 比例的样本在 t 期上升到了第 4 收入阶层。当一般来说，收入转换矩阵都采用五等分法进行计算，当然也可以采用十等分法进行计算，所采取的分组数越多，个体收入变动对流动性的影响就越敏感①。所以说，收入转换矩阵整体上反映出收入流动性的大小。那么，如何直观地比较这种流动性的大小呢？这就需要深挖收入流动矩阵的内部结构特征。这里，肖洛克斯（Shorrocks，1978）等学者提出了一些基于收入转换矩阵的计算指标，主要包括以下几个方面：

① 不流动比率。在一个单位矩阵中，$P_{11}=1$，说明最低收入阶层的群体到了下一期仍全部进入最低收入阶层，即未发生任何收入流动。因此，可通过将对角线上的概率之和再除以 n，来考察一个收入转换矩阵流动性的大小，该指标越大反而意味着收入流动性越小。当然，针对这个指标的批评意见认为，它未能反映对角线以外的"流动"情况，仅是对一种特殊情况的反映。

② Shorrocks 指数（Shorrocks，1978）。在收入转换矩阵中，如果一个个体所处收入等级发生了变化，则该矩阵的迹必然发生改变，且小于 n；也就是说，收入变动度越大，则矩阵的迹也就变化越大。因此，可通过计算该矩阵的迹，从而反映出收入转换矩阵中的"变动度"信息。该指标采用 $[n\text{-Trace}(P)]/(n-1)$，计算，相应的值越大说明收入流动性越大。

③ M 指数。该指数由萨蒂亚·保罗（Paul，2009）提出，仍然是基于收入流动矩阵进行计算，其特点是可以按照收入流动的方向性（向上或向下），以及不同收入阶层的贡献度进行分解②。该指标值越大说明收入流动性越大。

（2）绝对收入流动。

绝对收入流动则与相对收入流动不同，其是通过个体收入在整体中分布的变化情况（而非相对收入排序），来考察收入流动性。大致可以分为以下几个类别：

---

① 然而，若分组数目越多，则对样本的需求量越大。因为这一个小样本中，越来越细的分组，反而会导致收入组别之间缺乏区分度，即使从一个收入组别到相邻的另一个收入组别，在实质上也未产生较为充分的流动性。在本章中，能获得的样本也并非大样本，因此采用惯用的五等分组是比较适宜的。

② 关于该指数的分解，其计算和分解方式将在"收入流动性分解部分"予以详细介绍。

① 收入份额流动。其实质为，计算期初和期末个体收入所占对应均值的累计比例，来反映出个体收入水平的变化。计算方式为 $M_S(x,y) = \dfrac{1}{n}\sum\limits_{i=1}^{n} | \dfrac{y_i}{u_y}$ $- \dfrac{x_i}{u_x} |$（Fields & OK，1999）。其中，n 代表样本数，x_i、y_i 分别表示 $t-1$ 和 t 时期个体 i 的收入，则 u_x、u_y 分别对应着 $t-1$ 和 t 时期收入的均值。该指标值越大说明收入份额的变动程度越大。

② 非方向性收入流动。菲尔兹（Fields & OK，1999）分别提出了两个指标来测度这种收入流动性，分别为：$M_{F-O_1}(x,y) = \dfrac{1}{n}\sum\limits_{i=1}^{n} | y_i - x_i |$ 和 $M_{F-O_2}(x,$ $y) = \dfrac{1}{n}\sum\limits_{i=1}^{n} | \log y_i - \log x_i |$，$x_i$、$y_i$ 分别表示 $t-1$ 和 t 时期个体 i 的收入。这两个指标值越大说明收入变化的幅度越大、收入流动性越快。参考既有研究的普遍做法，本章采用 M_{F-O_2} 进行计算。

③ 方向性收入流动。方向性收入流动可以采用线性凹函数来计算，计算公式为 $M_{F-O_3}(x,y) = \dfrac{1}{n}\sum\limits_{i=1}^{n} (\log y_i - \log x_i)$，这里 x_i、y_i 仍然表示 $t-1$ 和 t 时期个体 i 的收入。该指标值越大说明收入流动性越大。

5.1.2 收入流动性的分解

萨蒂亚·保罗（Paul，2009）提出的 M 指数不仅能够从收入相对位置变动的角度测度收入流动性，并且通过对该指数的分解，不仅有利于考察向上流动或向下流动对整体收入流动性的贡献，以及不同收入阶层的流动性对整体收入流动性的贡献。

假定 $m(i, j)$ 为表示收入流动的函数，n 为收入阶层的划分数（如 $n = 5$）。则第 i 收入阶层的流动性可表示为

$$m(i) = \sum_{j=1}^{n} m(i,j) P_{ij} \tag{5.1}$$

于是，总的收入流动性就是各收入阶层流动程度的加权和，即

$$M_0(P) = \sum_{i=1}^n V_i m(i) = \sum_{i=1}^n \sum_{j=1}^n V_i m(i,j) P_{ij} \tag{5.2}$$

然而，在实证分析中，抽象函数 $m(i,j)$ 需要具体化，并且满足非负性、对称性、单调性以及移动偏移递增性。满足这些性质的一个函数为

$$m(i,j) = \begin{cases} |i-j|^\alpha for(i \neq j, \alpha > 1) \\ 0 for(i = j) \end{cases} \tag{5.3}$$

α 是移动偏移参数，其值越大则 $m(i,j)$ 偏离样本边界的程度越大，使之满足移动偏移递增特性。将式（5.3）代入式（5.2），可得

$$M_0(P) = \sum_{i=1}^n \tilde{w}_i m(i) = \frac{2}{n(n+1)} \sum_{i=1}^n (n+1-i) \sum_{j \neq i}^n |i-j|^\alpha P_{i,j} \tag{5.4}$$

注意到，$M_0(P)$ 假定其最大值满足最大边界交叉规则（maximum boundaries cross rule），因此 $M_0(P_{Max})$ 的值还取决于 n 为奇数或偶数。当 n 为偶数时，$M_0(P_{Max}) = (2/n) \sum_{i=1}^{n/2} |i-n|^\alpha$；当 n 为奇数时，$M_0(P_{Max}) = \frac{2}{n} \sum_{i=1}^{(n-1)/2} |i - n|^\alpha + (1/n)(\frac{n-1}{2})^\alpha$。

于是，M 指数的计算公式为

$$M = \sum_{i=1}^n \tilde{w}_i m(i)/M_0(P_{Max}) \tag{5.5}$$

其中，$0 \leqslant M \leqslant 1$。当 $M = 0$ 时，表明未发生收入流动，即收入转换矩阵为单位阵；当 $M = 1$ 时，意味着所有收入阶层的个体都发生了不同程度收入流动，即 $P = P_{Max}$。

由于 M 具有可分解性，于是 $\tilde{w}_i m(i)/M_0(P_{Max})$ 就表示第 i 收入阶层的收入流动对总体收入流动的贡献率。

不仅如此，M 还可以被进一步分解为向上流动和向下流动，即

$$M = (M_{OD}(P)/M_0(P_{Max})) + (M_{OU}(P)/M_0(P_{Max})) = M_D + M_U \tag{5.6}$$

其中，$M_{OD}(P) = \sum_{i=2}^n \tilde{w}_i \sum_{j=1}^{i-1} (i-j)^\alpha P_{ij}$，$M_{OU}(P) = \sum_{i=1}^{n-1} \tilde{w}_i \sum_{j=i+1}^n |i-j|^\alpha P_{ij}$。

萨蒂亚·保罗证明了 M 指标具有非负性、对称性、单调性、移动偏移递增性、可标准化、有界性、Shorrocks 单调性、可分解性、倾向穷人的偏好性等特性，因此该指标适宜用来进行收入流动性的分析[①]。

5.2 数据说明

本章采用 1989 至 2011 年的中国营养健康调查（CHNS）数据。当然，在数据使用前需要根据研究目的，对其进行相应的整理。

中国经济发展呈现出的明显二元特性，使得在分析时必须要区分城镇或者农村样本，若不区分，那么城镇的中低收入者可能成为农村的高收入者，这就无法精确识别城镇或者农村内部的收入流动问题[②]。当然，如果是要考虑整体的收入流动状况，则是不需要区分城乡样本的；但显而易见的是，农村个体将主要处于收入较低阶层，收入流动的"割裂"形式不言而喻。本章的分析主要是分别针对城乡进行的，因此需要区分城乡样本以实现更精确的流动性识别。

除此之外，还需要对数据样本进行进一步筛选，以使得样本更符合研究需要，包括以下几种情况：①对收入统计为零，以及城乡属性等关键变量存在明显缺失值的样本进行了剔除；②把考察重点放在劳动年龄人口，因为其收入变动可能性相对较大，是收入流动的主要动力，因此剔除了 16 岁以下（含）和 60 岁以上（含）的人口；③如果两个样本个体均来自同一个家庭，那么二者的收入就具有极强的内生性，不符合样本观测值独立性的要求，而通过对样本的排查，对于小部分的这类情况进行了随机筛选。

基于上述样本筛选，可进一步建立实证分析所需的样本。通常，最理想

---

① 关于这些性质的证明，可参见萨蒂亚·保罗（Paul，2009）的原文。

② 根据《中国统计年鉴（2015）》，2014 年我国城镇居民人均可支配收入为 28844，农村居民人均可支配收入为 9497，前者是后者的 3 倍。

的数据是采用追踪调查数据，这就要求受访者要参与所有阶段的调查，但在实际调查工作中，由于受访户迁移、换户等因素使得追踪调查样本并不容易获取。在本章的样本中，从 1989～2011 年间每次调查都参与的受访户，城镇不足 100，农村也不足 500，显得样本量过小。如果以这种样本进行分析，那么容易造成样本选择性偏差①。

而另一可行的做法是，按照时间段的划分来构建样本，以分析不同时间段样本间的收入流动性，国内不少文献②是按照这个方式来进行构建，这是在前述方式不可行之下的一种次优选择。采用这种方式构建样本，也存在一个可能的问题，就是如果样本的流入和流出呈现出规律性，那么收入流动就不是由原有样本中的个体引发的，或者说原有样本中的个体即使收入排序没发生变化，也产生了收入流动。但通过对 CHNS 数据库的分析，发现其采用等距随机抽样的方式，因此很难出现抽选的受访者呈现系统性特征；另外，至少目前也没有明确的证据表明，本章构建的样本存在明显的非随机性。综上，可按照本段首所描述的方式来构建实证分析样本。

另外，本书根据我国经济发展呈现出的阶段特性，将 1989～2011 年划分为四个阶段，分别为 1989～1993 年、1993～2000 年、2000～2006 年、2006～2011 年③。

---

① 用这些样本中的收入数据与当年全国城镇居民人均可支配收入、农村居民人均纯收入进行了均值比较，发现此时，城市和农村样本都拒绝了原假设，说明样本的代表性并不强，样本存在选择性偏差。

② 如王海港（2005）、许和潘凯弗尔（Khor & Pencavel, 2008）、王洪亮等（2012）等。

③ 采用这种划分的现实背景在于：1993 年是我国建立市场经济体制的关键年，表现为高经济增长与高通货膨胀并存，之后随着宏观经济政策的调整，通货膨胀逐渐缓解、经济增长速度也趋于平稳；并且在 1993 年之后我国城镇地区还经历了大规模的国有企业改革，这无疑会对人们的收入状况起着重要影响，进而影响收入流动。而自 2000 年以后我国经济逐渐从通缩中走出来，进入了一个较为显著快速增长时期；再加上收入分配差距已经处于较大水平，其必然会对收入流动的演变趋势产生影响。CHNS 最新的数据公布到 2011 年，考虑到等距抽样更有利于进行结果比较，于是将 2000～2011 年的样本以 2006 年为界进行划分，即划分为 2000～2006 年和 2006～2011 年。

5.3 结果分析

5.3.1 收入流动性的测度结果分析

基于上述关于收入转换矩阵的说明及其相应指标的计算方法，可计算对应年份区间的收入转换矩阵及流动性指标。一般而言，计算收入转换矩阵主要采用五等分法，从 1~5 分别表示最低至最高收入阶层①，本章也采用这一方法。计算结果如表 5.1 所示。

表 5.1　　　　　　　　　　　　收入转换矩阵　　　　　　　　　　　单位:%

城镇：1989~1993 年　　　样本数：1392						农村：1989~1993 年　　　样本数：3800					
	1	2	3	4	5		1	2	3	4	5
1	0.37	0.21	0.19	0.11	0.12	1	0.33	0.24	0.18	0.13	0.13
2	0.27	0.26	0.20	0.15	0.12	2	0.25	0.27	0.17	0.18	0.13
3	0.14	0.25	0.22	0.22	0.16	3	0.14	0.21	0.26	0.21	0.17
4	0.09	0.19	0.22	0.30	0.21	4	0.15	0.14	0.22	0.27	0.23
5	0.14	0.09	0.17	0.21	0.38	5	0.13	0.16	0.17	0.21	0.33
城镇：1993~2000 年　　　样本数：585						农村：1993~2000 年　　　样本数：2674					
	1	2	3	4	5		1	1	3	4	5
1	0.28	0.23	0.21	0.16	0.11	1	0.29	0.22	0.19	0.16	0.13
2	0.26	0.24	0.15	0.26	0.1	2	0.27	0.24	0.22	0.16	0.11
3	0.23	0.2	0.18	0.19	0.21	3	0.19	0.22	0.22	0.2	0.17
4	0.13	0.18	0.28	0.19	0.22	4	0.16	0.18	0.21	0.22	0.23
5	0.11	0.15	0.18	0.21	0.35	5	0.09	0.13	0.16	0.25	0.36

①　尽管收入分组越细，越能够更为敏锐地反映出个体在不同收入阶层中的变动（例如，有些研究采用十等分组的划分方式来构建收入转换矩阵）。

城镇：2000～2006 年		样本数：515			农村：2000～2006 年			样本数：2189	
	1	2	3	4	5	1	2	3	4	5
1	0.42	0.23	0.19	0.09	0.07	0.29	0.26	0.16	0.16	0.14
2	0.19	0.19	0.28	0.17	0.16	0.24	0.25	0.25	0.16	0.11
3	0.11	0.25	0.21	0.23	0.19	0.22	0.2	0.23	0.21	0.13
4	0.14	0.19	0.17	0.27	0.23	0.14	0.16	0.21	0.28	0.2
5	0.15	0.13	0.16	0.22	0.35	0.11	0.12	0.15	0.19	0.42
城镇：2006～2011 年		样本数：1040			农村：2006～2011 年			样本数：2795	
	1	2	3	4	5	1	2	3	4	5
1	0.57	0.19	0.14	0.07	0.04	0.36	0.23	0.17	0.14	0.10
2	0.31	0.33	0.19	0.09	0.08	0.26	0.26	0.19	0.14	0.15
3	0.1	0.16	0.38	0.25	0.1	0.16	0.25	0.28	0.19	0.12
4	0.11	0.07	0.21	0.37	0.24	0.12	0.16	0.23	0.31	0.18
5	0.06	0.06	0.16	0.29	0.42	0.09	0.10	0.13	0.23	0.45

尽管收入转换矩阵反映出个体在不同时间内的收入阶层变化情况，但一般来说也难以从矩阵里面直接比较收入流动性的大小，为此需要采用上述提及的几个基于收入转换矩阵而设计的指标，进行分析。由于收入转换矩阵反映的是相对收入位置的变动，可从"不流动率"、"Shorrocks 指数"以及"M 指数"来进行分析。不仅如此，还可根据样本计算出反映收入流动性的其他指标，上述计算结果一并列入表5.2。

（1）相对收入流动的测度分析。

首先考察城市的收入流动性。考察不流动比率指标可知，该指标在 1989～1993 年间较高，此后在 1993～2000 年间出现了短暂的下降，然后在 2000～2006 年以及 2006～2011 年期间都呈现出上升态势，特别是 2006～2011 年期间的数值有大幅提高，说明从不流动比率来看，收入流动性在经过短期上升后迅速降低，特别是近年来的降幅非常明显。接下来，从 Shorrocks's Met-Prais 指数的变化情况来看，该指标同样是在 1993～2000 年期间有过短暂上升后便出现下降，也意味着收入流动性总体上呈现出降低趋势。最后，无论 α 取 2 还是 1.5，M 指数也呈现出逐渐降低的态势，意味着收入

表 5.2 收入流动性的指标

从收入相对位置变动角度测度收入流动性

	指标	1989～1993 年	1993～2000 年	2000～2006 年	2006～2011 年
城市	不流动比率	0.272	0.248	0.288	0.414
	Shorrocks' Met-Prais 指数	0.867	0.940	0.888	0.731
	M 指数（$\alpha=2$）	0.303	0.342	0.296	0.16
	（$\alpha=1.5$）	0.273	0.306	0.261	0.216
农村	不流动比率	0.292	0.266	0.294	0.332
	Shorrocks' Met-Prais 指数	0.887	0.915	0.882	0.835
	M 指数（$\alpha=2$）	0.324	0.332	0.329	0.248
	（$\alpha=1.5$）	0.296	0.301	0.3	0.313
从收入份额变动来测度收入流动性					
城市		0.651	0.679	0.743	0.566
农村		0.896	0.828	0.823	0.459
方向性收入流动					
城市		0.112	0.253	0.172	0.3179
农村		0.083	0.185	0.1	0.414
非方向性收入流动					
城市		0.277	0.385	0.353	0.382
农村		0.407	0.45	0.441	0.568

说明：在计算 M 指数时，α 取值不同会影响计算结果，借鉴 Satya Paul 的做法，α 取 1.5 或 2。

流动性的下降。总的来说，Shorrocks's Met-Prais 指数以及 M 指数的变化都反映出，我国城市的收入流动性在 20 世纪 90 年代中前期仍保持在较高水平，但进入 2000 年来，收入流动性又有所下降，特别是近年来下降得尤为明显。

接下来考察农村的收入流动性。农村的收入流动性也表现出这种趋势。不流动比率经历了先下降后上升的过程，说明收入流动性虽然有短暂的提升但总体上趋于下降。Shorrocks's Met-Prais 指数也是在 1993～2000 年期间有过小幅提升而后开始降低，表明收入流动性总体上仍是降低的。M 指数的变化趋势也与 Shorrocks's Met-Prais 指数一致。所以，农村的收入流动性也是在

1993～2000 年期间有着短暂上升而后降低，总体上处于下降趋势。

于是，令人感兴趣的是，为何城乡的收入流动性总体上都表现为先上升、后下降呢？首先，改革开放以来，市场经济制度的建立彻底打破了平均主义，经济高速增长的同时，全体居民的收入水平也在不断攀升，这成为居民收入分配变化的根本动力。农业生产组织、分配方式的变革，以及城市劳动力市场的改革、国有企业改革、资本市场的建立和新兴产业的兴起，不仅极大地调动了居民的生产积极性，而且使得居民的收入结构发生了重大改变。在这个阶段，还伴随着大量人口的乡城流动、区域流动，对既有的收入分配结构造成了较大冲击，促进了全社会的收入流动。因此，总的来看，收入流动上升阶段主要是市场化改革的结果。

按照上述思路，经济的增长及其市场化的变革应该持续推动收入流动性的提高，那为何从数据上看，2000 年以后中国的收入流动性反而还降低了，甚至在 2006 年之后出现了加速下降趋势？原因在于，自收入差距拉开以来，全社会收入分配失衡的趋势就一直没有改变，拥有较强生产资本、社会资本以及掌握新兴生产技术的群体，获得了较高的要素回报，且体现出不断自我强化的机制；反之，那些缺乏积累同时禀赋较差的群体，则始终处于"收入弱势"和"市场弱势"，有被边缘化的危险。因此，早期累积性的收入不平等使得不同收入阶层进一步加深了收入分化，尽管低收入阶层也能够抓住经济增长来实现收入绝对额增长，但在存量差异较大的情况下，这种"提升"仍难以跨越收入阶层的分界线。由此，引致社会收入阶层的固化，会直接降低收入流动性。

根据图 5.1 和图 5.2，不难看到随着初期收入等级的增高，对应地其收入增长率也越高，这一差距在最高和最低收入阶层之间尤为明显，这一趋势无疑会加深收入分层、导致阶层固化①。为了考察基于本章样本所得结论是否符合全国的基本情况，以尽可能地降低样本选择性偏差问题。通过历年《中国统计年鉴》，可得到自 2002 年以来，城镇按收入分组的统计情况，并可据此计算出最高收入组与最低收入组之间的收入差别（见表 5.3）。不难发

---

① 这种情况无论是城镇样本、农村样本还是全国样本，都呈现出一致性特征。

现，根据国家统计局的入户调查，最高收入组与最低收入组之间的差距总体上保持在较高水平。

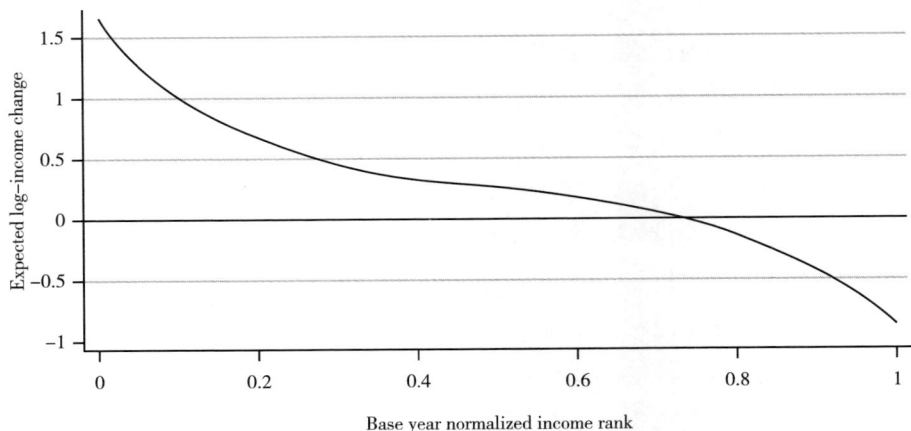

图 5.1　城镇地区居民收入增长变化（1989～1993 年）

说明：①纵轴表示基期（$t-1$ 期）和末期（t 期）之间个体的收入增长率。②横轴表示基期（$t-1$ 期）个人的收入相对位置从高到低排序，越接近 0 表示收入相对位置越高（收入排序越高）、越接近 1 表示收入相对位置越低（收入排序越低）。

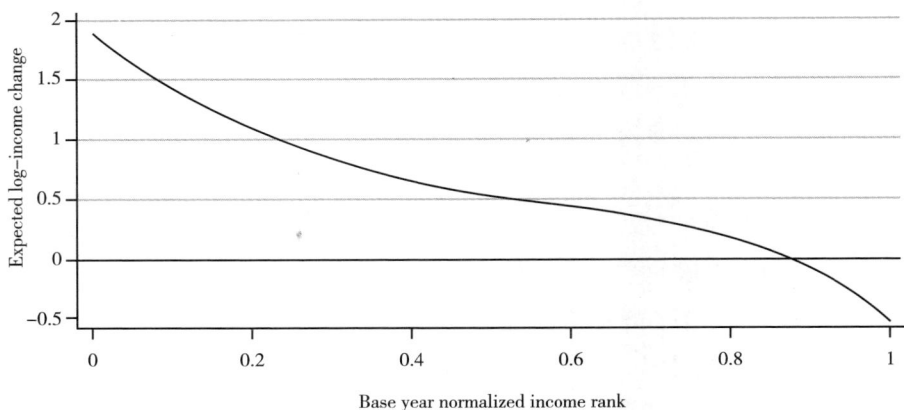

图 5.2　城镇地区居民收入增长变化（1993～2000 年）

说明：同图 5.1。

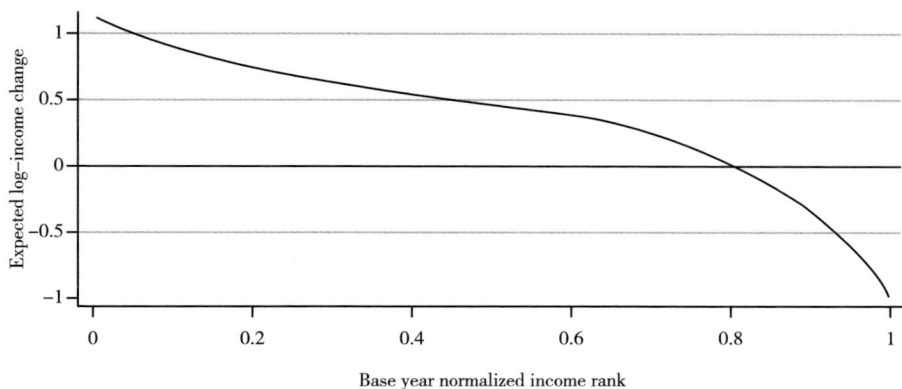

图 5.3　城镇地区居民收入增长变化（2000～2006 年）

说明：同图 5.1。

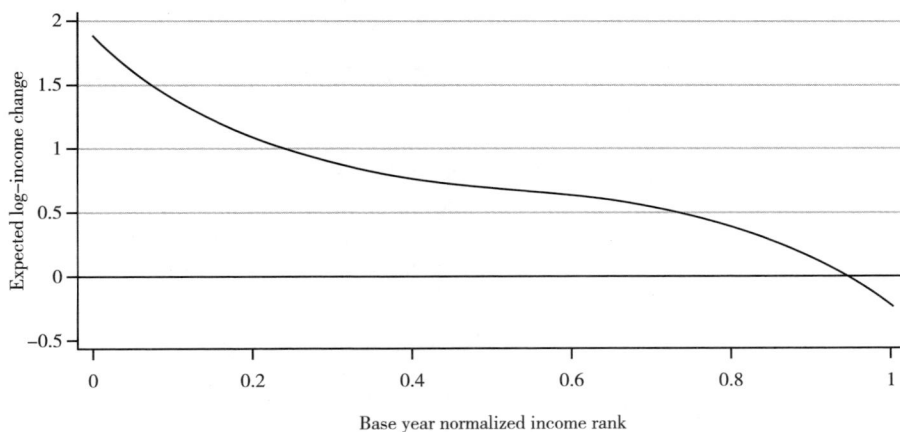

图 5.4　城镇地区居民收入增长变化（2006～2011 年）

说明：同图 5.1。

表 5.3			2002～2012 年间，全国城镇人均可支配收入分组统计			单位：元

年份	①	②	③	④	④÷①	④÷②	④÷③
	最低 10%	中偏下 20%	中等 20%	最高 10%			
2002	2408.6	4932	6656.8	18995.9	7.89	3.85	2.85
2003	2590.2	5377.3	7278.8	21837.3	8.43	4.06	3.00

续表

年份	①	②	③	④	④÷①	④÷②	④÷③
	最低10%	中偏下20%	中等20%	最高10%			
2004	2862.4	6024.1	8166.5	25377.2	8.87	4.21	3.11
2005	3134.9	6710.6	9190.1	28773.1	9.18	4.29	3.13
2006	3568.7	7554.2	10269.7	31967.3	8.96	4.23	3.11
2007	4210.1	8900.5	12042.3	36784.5	8.74	4.13	3.05
2008	4753.6	10195.6	13984.2	43613.8	9.17	4.28	3.12
2009	5253.2	11243.6	15399.9	46826.1	8.91	4.16	3.04
2010	5948.1	12702.1	17224	51431.6	8.65	4.05	2.99
2011	6876.1	14498.3	19544.9	58841.9	8.56	4.06	3.01
2012	8215.1	16761.4	22419.1	63824.2	7.77	3.81	2.85

说明：之所以未纳入2013年数据，是因为从《中国统计年鉴（2014）》起，只按照五等分组来公布城镇居民家庭人均可支配收入。为保证数据的一贯性，只能省去2013年的数据，但该年数据的省去并不影响收入分组统计的基本变化趋势。

类似的情况也反映在农村。如图5.5～图5.8所示，收入阶层越高，其跨期收入增长率也相应越高；为保证结论的稳健性，也同样采取前述方法，采用《中国统计年鉴》上的数据进行了分析，同样呈现出本章样本数据的特征（见表5.4）。值得注意的是，农村居民中，收入排序靠后的部分群体，甚至会出现收入负增长，说明其收入能力的迅速下降，使得其收入状况"不进而退"。这值得高度关注，收入阶层的固化是引致收入流动性低下的重要原因，而一旦社会缺乏一定的收入流动，将不利于控制日益增大的收入分配差距，最终形成"收入差距⟷阶层固化"相互引致的马太效应。

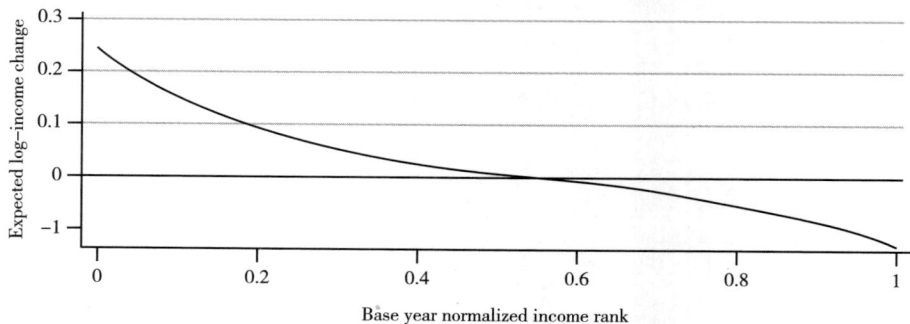

图5.5　农村地区居民收入增长变化（1989～1993年）

说明：同图5.1。

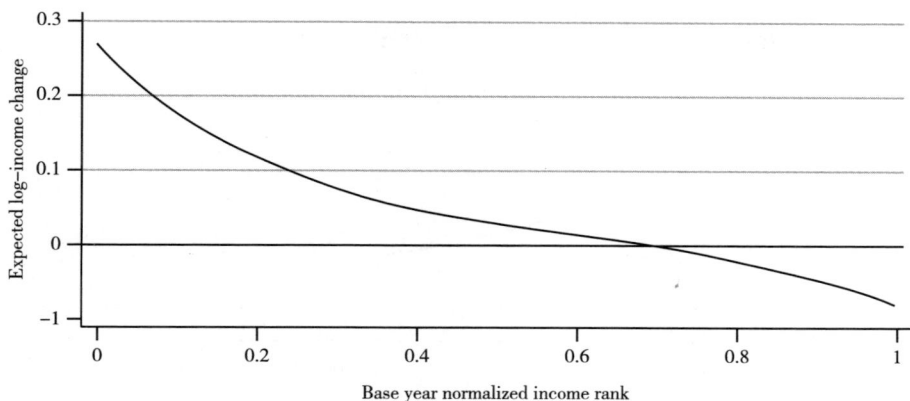

图 5.6　农村地区居民收入增长变化（1993～2000 年）

说明：同图 5.1。

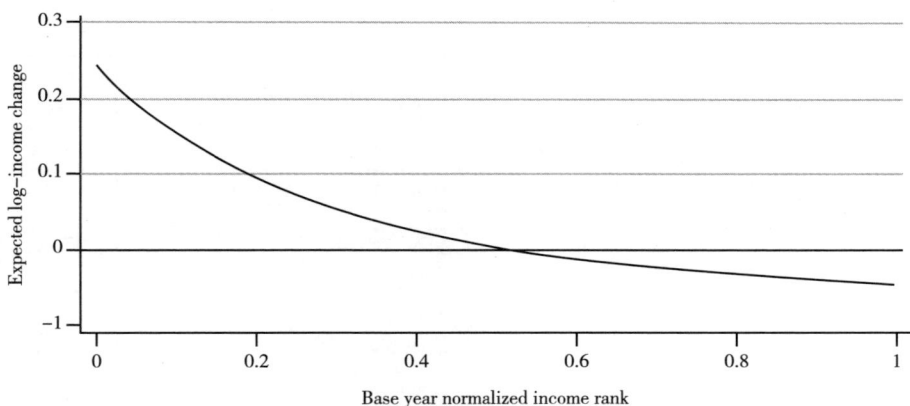

图 5.7　农村地区居民收入增长变化（2000～2006 年）

说明：同图 5.1。

综上所述，改革开放早期，经济增长和市场化改革客观上不可避免地带来了收入分配差距的扩大，引致了收入流动性的提升；但随着收入差距的不断深化，更加深了收入阶层的固化，反而又使得 2000 年以后居民收入流动性出现了较为明显的下降。

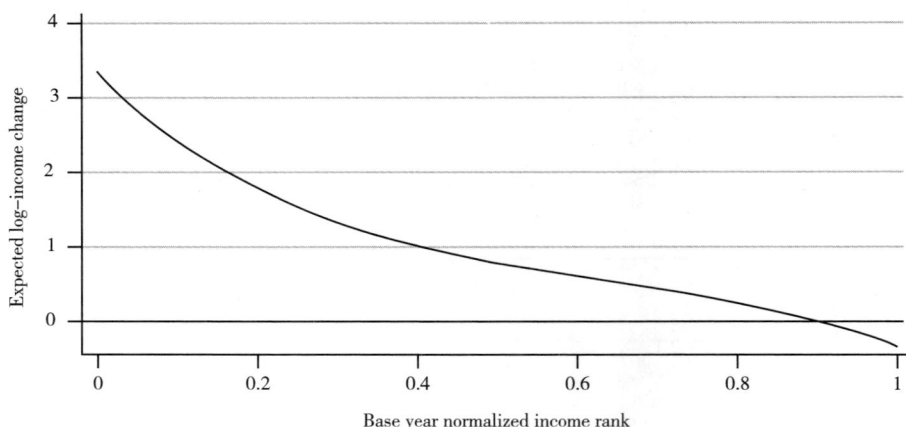

图 5.8 农村地区居民收入增长变化（2006～2011 年）

说明：同图 5.1。

表 5.4　　　　　2002～2013 年间，全国城镇人均可支配收入分组统计　　　　单位：元

年份	① 最低 20%	② 中偏下 20%	③ 中等 20%	④ 最高 20%	④÷①	④÷②	④÷③
2002	857.00	1548.00	2164.00	5903.00	6.89	3.81	2.73
2003	865.90	1606.50	2273.10	6346.90	7.33	3.95	2.79
2004	1007.00	1842.20	2578.60	6931.00	6.88	3.76	2.69
2005	1067.20	2018.30	2851.00	7747.40	7.26	3.84	2.72
2006	1182.50	2222.00	3148.50	8474.80	7.17	3.81	2.69
2007	1346.90	2581.80	3658.80	9790.70	7.27	3.79	2.68
2008	1499.80	2935.00	4203.10	11290.20	7.53	3.85	2.69
2009	1549.30	3110.10	4502.10	12319.10	7.95	3.96	2.74
2010	1869.80	3621.20	5221.70	14049.70	7.51	3.88	2.69
2011	2000.50	4255.70	6207.70	16783.10	8.39	3.94	2.70
2012	2316.20	4807.50	7041.00	19008.90	8.21	3.95	2.70
2013	2583.20	5516.40	7942.10	21272.70	8.24	3.86	2.68

（2）绝对收入流动的测度分析。

① 按收入份额测度。

按收入份额变动测算，城镇在 1989～1993 年、1993～2000 年、2000～

2006 年、2006 ~ 2011 年期间的数值分别为 0. 651、0. 679、0. 743 和 0. 566，收入流动性指标经历了先上升后下降的过程。而农村的情况则有所不同，1989 ~ 1993 年间的收入流动性最高（0. 896），但至此之后便不断下降，到 2006 ~ 2011 年这个区间段时，降低为 0. 459，总体表现为不断降低的趋势。

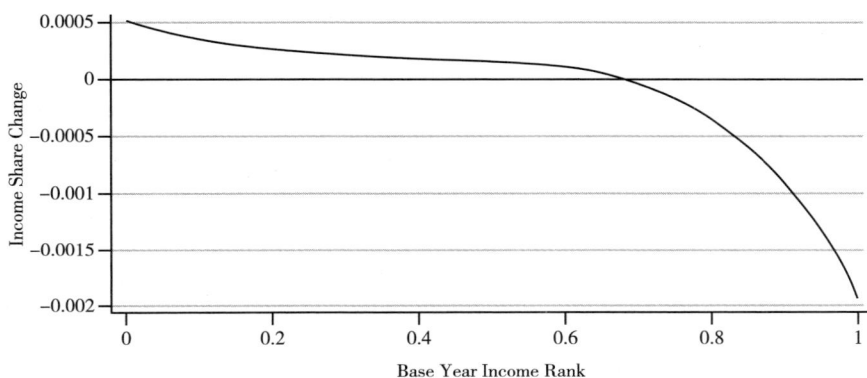

图 5.9 城市地区居民收入份额变化（1989 ~ 1993 年）

说明：纵轴表示基年（$t-1$ 期）与末年（t 期）之间个人收入份额的变化。其他说明同图 5. 1。

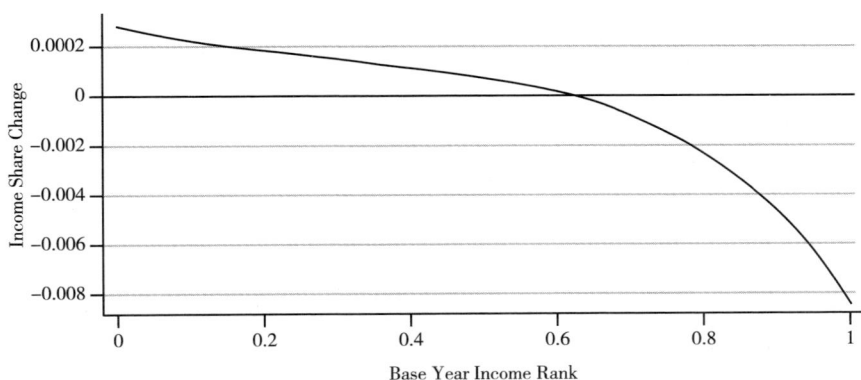

图 5.10 城市地区居民收入份额变化（1993 ~ 2000 年）

说明：同图 5. 9。

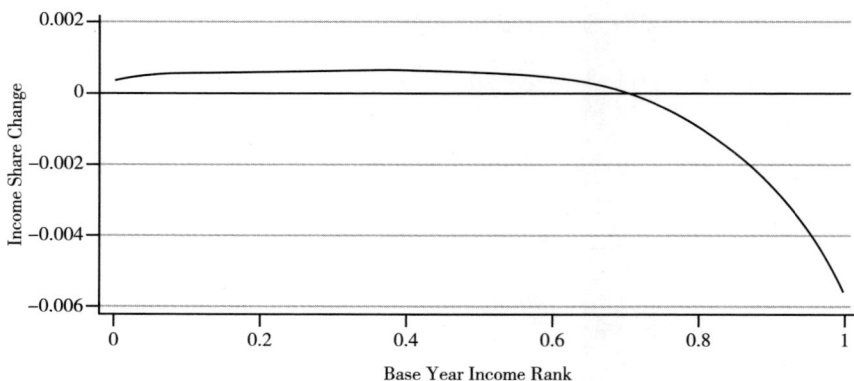

图 5.11　城市地区居民收入份额变化（2000～2006 年）

说明：同图 5.9。

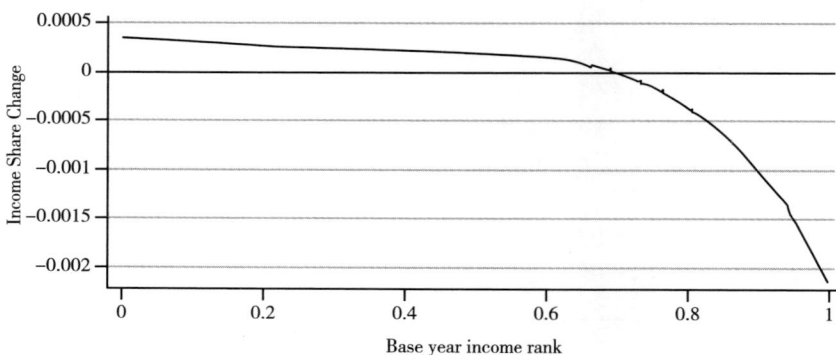

图 5.12　城市地区居民收入份额变化（2006～2011 年）

说明：同图 5.9。

观察图 5.9～图 5.12，不难发现收入流动性在城市地区总体呈现出上升趋势的原因在于：初始收入排名较高的个体，其对应的收入份额占比并未出现明显的增长①，说明高收入群体的"收入份额优势"与"收入排序优势"并非一一对应。这就给收入流动性的形成提供了一定空间，既是个体收入份

---

① 在 1989～1993 年和 1993～2000 年两个样本区间里，初始收入排名越高，其收入所占份额的增长率越高；但这一状况在 2000～2006 年期间却未有延续，初始收入排名较高的个体其收入份额上升幅度并没有明显偏高。

额占比变化但相对收入排名不变，也会被认为发生了收入流动。然而，到
2006～2011 年期间情况又有所转变，所处收入阶层越高的个体其收入份额占
比跨期增长率又明显较大，并且处于收入负增长的个体比例也有所增加，于
是才导致了收入流动的降低①。

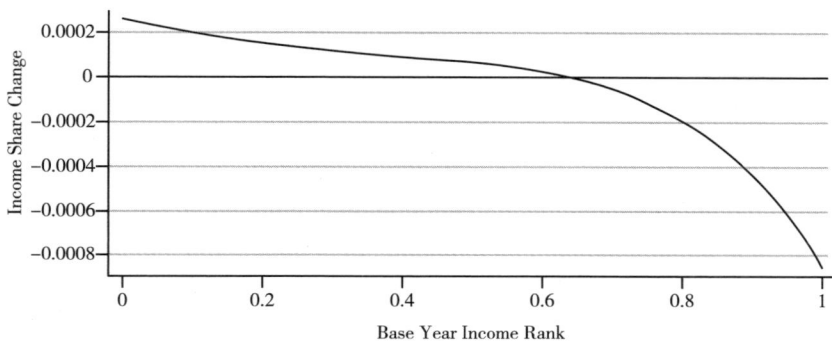

图 5. 13 农村地区居民收入份额变化 （1989～1993 年）

说明：同图 5. 9。

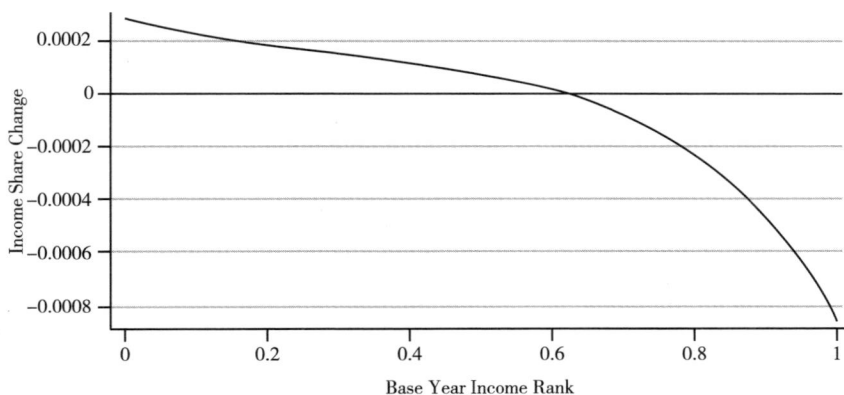

图 5. 14 农村地区居民收入份额变化 （1993～2000 年）

说明：同图 5. 9。

───────────

① 当然，这里按收入份额计算的收入流动在 2006～2011 年间出现了大幅降低，一方面可能是
由于本研究分析的原因，另外一方面或多或少与样本的选择有关。但到底是属于何种方面的问题，由
于更大范围样本的缺乏，还无法加以验证。不得不承认，这里的结果稳健性还不够好。

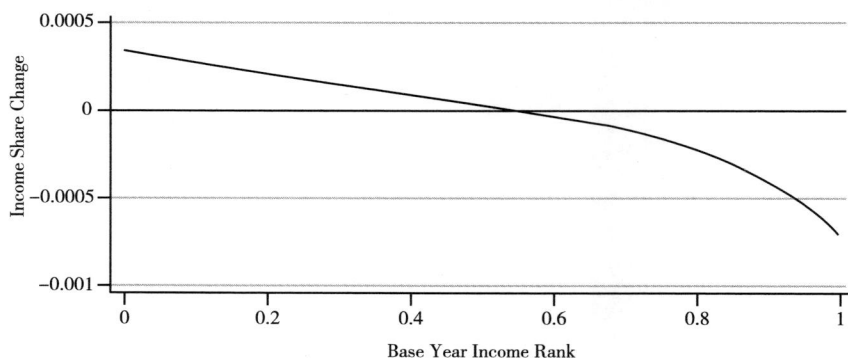

图 5. 15　农村地区居民收入份额变化（2000 ~ 2006 年）

说明：同图 5.9。

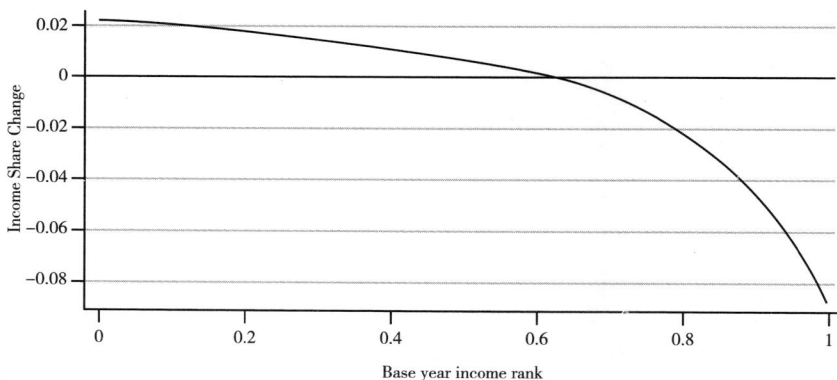

图 5. 16　农村地区居民收入份额变化（2006 ~ 2011 年）

说明：同图 5.9。

农村地区按收入份额计算的收入流动性不断降低，主要是由于"收入排序优势"和"收入份额优势"相互增强的结果。根据图 5.13 ~ 图 5.16 可以看到，初始收入排序越高、则其占有的收入份额越大，这一情况在整个样本区间内都是如此，其累积效应使得高收入群体收入占比更高、低收入群体收入占比更低，导致收入流动的困难。

② 非方向性、方向性收入流动。

就非方向性收入流动而言，城市的收入流动性逐渐升高（除了在 2000 ~

2006 年区间内有所降低外）；而在农村，也同样呈现出类似的趋势性特征。另外，就城乡比较来看，农村的收入流动性要始终大于城市，农村地区面临着更高的收入流动。

就方向性收入流动而言，城市和农村的收入流动性，仍然呈现出 U 型特征，即在 1989～1993 年和 1993～2000 年区间较高，2000～2006 年区间较低，而 2006～2011 年又比较高。这意味着，抵消了位置变化方向效应后，城市和农村的收入流动性都表现为先升后降再升高的 U 型特征。

因此，综合方向性和非方向性收入流动的分析结论，不难发现：城市及农村的收入流动性具有相近的变化趋势，即先升后降再升高的 U 型特征。这说明，20 世纪 90 年代收入流动流动是逐渐加快的，而到了 2000 年后有一个短暂的回落，随后又大幅上升。

5.3.2 收入流动性的分解结果分析

借鉴萨蒂亚·保罗（Paul，2009）的分解方法，可将 M 指数按照收入向上或向下流动，以及不同收入阶层的收入流动性进行分解，相关结果如表 5.5 所示。

表 5.5 收入流动性的分解 单位：%

当 α = 1.5 时

收入阶层	城镇				农村			
	1989～1993 年	1993～2000 年	2000～2006 年	2006～2011 年	1989～1993 年	1993～2000 年	2000～2006 年	2006～2011 年
1	42.88	42.27	34.56	33.54	43.32	45.05	46.13	40.72
2	22.84	22.20	27.45	24.73	22.56	20.75	20.97	23.65
3	14.88	16.35	15.34	15.46	13.67	14.78	14.54	13.45
4	10.80	11.23	12.82	18.17	11.42	12.2	11.01	15.50
5	8.57	7.93	9.81	8.10	9.00	7.19	7.33	6.68
向上流动	70.84	70.32	69.72	66.19	71.27	70.68	71.16	71.00
向下流动	29.15	29.67	30.27	33.81	28.72	29.31	28.83	29.00

续表

当 $\alpha=2$ 时								
1	47.37	46.39	37.17	38.97	47.40	49.71	50.82	46.75
2	21.00	20.42	26.38	24.38	20.81	18.73	18.81	23.41
3	12.23	14.01	12.83	14.00	11.21	12.32	12.05	11.61
4	9.76	10.38	12.32	13.27	10.63	11.48	10.25	10.57
5	9.62	8.77	11.28	9.38	9.93	7.73	8.05	7.66
向上流动	73.06	72.22	70.35	67.94	73.01	72.91	73.25	73.46
向下流动	36.55	36.54	29.65	32.06	36.91	34.82	34.79	26.54

首先，考察不同收入阶层对整体收入流动的贡献程度。为了保证结论的稳健性，根据萨蒂亚·保罗（Paul，2009）给出的建议，同时采用了 $\alpha=1.5$ 和 $\alpha=2$ 这两种参数进行计算。从计算结果来看，无论采用何种参数，数值的差异性都不大，说明参数本身对计算结果的影响较为有限。仔细观察不难看到，在任何样本区间内，城市和农村的收入流动分解结果都表现出"高收入阶层对整体流动的贡献度越小，而低收入阶层对整体流动的贡献度越高"这个特征；尤其值得关注的是，收入流动的大多数动因来自于低收入阶层（倒数第一和第二收入阶层）的收入变动。那么，上述结果有何启示意义呢？①低收入阶层收入流动性较大，这是因为低收入阶层的收入水平较低，不同阶层之间的收入门槛值并不高，一定程度的收入变动就可能使得个体上升（或下降）到新的收入阶层，从而表现为低收入阶层的收入流动贡献度较高。然而，尽管低收入阶层的收入流动性较大，这种流动也难以跨越高低收入阶层之间相对较大的"收入鸿沟"，低收入群体也难以进入高收入群体行列。②来自高收入阶层变动度相对较低，表明高收入阶层的收入地位较为稳定，这种收入地位的稳固有随着时间而加固的趋势[1]；由此，容易导致收入分层的加剧，使得贫富分化更加深化。所以，综上所述，低收入阶层的流动性贡献度较大、而高收入阶层的流动贡献度较小，不仅意味着现有收入分层难以改变，更意味着这种收入分层的"僵化"；因此，在这种背景下的收入流动，尽管会在表面上引致收入流动性的提升，但这种提升并未带来收入阶层的

---

[1] 表现为高收入群体的流动贡献率，随着时间的推移，而呈现出降低的趋势。

"优化";反而,可能形成"中低收入阶层内部循环、中高收入阶层内部循环"的两极分化格局。因此,提高中低收入群体的收入,促进其收入流动(特别是向上流动)将有利于形成合理的收入流动,拓宽中低收入群体的上升空间,控制收入分配差距。

其次,考察向上流动和向下流动对整体收入流动性的贡献。无论是城市还是农村,或者哪个样本区间,收入向上流动对整体收入流动性的贡献率都要大于收入向下流动。既然如此,那为何整体的收入流动性还在降低呢?其原因仍然在于这种向上的收入流动主要集中在中低收入阶层,即使是收入向上流动也大都在中低收入阶层内变动,对大部分群体而言存在着"天花板"限制,因而难以改变整个收入结构。所以就整体而言,收入流动性近年来反而下降了。

5.4 本章小结

本章采用中国营养健康调查(CHNS)对中国 1989~2011 年间的收入流动性进行了分析。首先,收入流动性的测度方式因出发点的不同而存在差异,所得结论也不一致。从相对收入流动来看,城市和农村的收入流动性经历了先上升后下降的过程,转折发生在 2000 年前后,特别是近年来收入流动性的快速降低值得关注。从绝对收入流动角度来看,基于收入份额变动的测度表明,城市的收入流动性经历了先上升后下降的历程,农村的收入流动性则一直在降低;基于方向性和非方向性的测度表明,城市及农村的收入流动性具有相近的变化趋势,即先升后降再升高的 U 型特征。总的来说,过去 20 年收入流动性降低了,在收入分配差距较大的背景下,收入流动性降低将加固现有的收入分层,从而导致财富进一步向高收入群体积聚,进而又导致收入流动性降低,这又会进一步加深收入分层、扩大收入分配差距。若不加以改善,将形成"贫者越贫、富者越富"的马太效应,最终影响到社会的机会均等及和谐。

其次，收入流动的分解结果表明，无论城市还是农村，低收入阶层的收入流动性对整体流动性的贡献要远大于高收入阶层。这一方面表明，在收入分配差距较大的背景下，低收入阶层的流动主要聚集在中低收入水平，并未跨入中高收入阶层的"门槛值"；另一方面，高收入阶层的稳固（特别是其变动贡献度随时间而降低）也意味着收入阶层的两极分化有所加剧。另外，尽管收入向上流动对整体收入流动的贡献率要大于收入向下流动，但向上收入流动大都在中低收入阶层内部，很难跨越中高收入的门槛值，其后果可能造成收入格局的两极分化，中等收入群体占比降低。

第6章　收入流动性的社会福利效应探讨

  国家统计局公布的 2012 年我国基尼系数为 0.474，而世界银行的测算结果为 0.48，说明改革开放以来中国已由收入分配比较均等的社会变化为收入分配差距较大的社会。这固然值得关注，但更应引起重视的是收入阶层僵化，其会导致"贫者越贫、富者越富"的马太效应。收入流动性（income mobility）正是分析此类问题的一个重要框架，其反映出个体在不同时期的相对收入位置排序和收入结构的动态特征，既有助于清晰地判断收入差距产生的根源，又体现出机会公平特性（祝伟、汪晓文，2010）。实际上，如果一个社会收入流动性较强，表明改变自身收入地位的机会较为均等，能在一定程度上缓解收入不平等程度（Fields & OK，1999）。不仅如此，收入流动性还在另一个层面反映出个体在收入波动风险面前的暴露程度，即收入流动是否使得穷人和富人两极分化的程度更深，这就是所谓的收入流动性的社会福利效应（Atkinson et al，1992）。因此，关注收入流动不仅要测度其大小，还要注重其对社会福利的影响。那么，收入流动对社会福利造成了怎样的影响，是有利于穷人的"好"还是有利于富人的"坏"？上述问题非常重要，但有关的专门化探讨尚不多见。本章正是基于上述背景展开的研究，通过测算和分析中国农村收入流动性及其社会福利效应，发现虽然 2000～2009 年这 10 年间的收入流动性要低于 1991～2000 年，但前者对应的社会福利效应要高于后者，原因在于前者有着更高的收入流动质量。

6.1　研究方法

  设个体 i 在 t 时期内生存（$t=0$，1，2，3，…）。令 y_{it} 代表个体 i 在 t 时期的收入，那么 $\ln y_{it}$ 可分解为持久性收入部分 w_{it}、暂时性收入部分 η_{it} 以及收入均值 u。即：

$$\ln y_{it} = w_{it} + \eta_{it} + u$$

其中，
$$w_{i,t+1} = \rho w_{i,t} + e_{i,t+1} \tag{6.1}$$

  其中，假设持久性收入 w_{it} 服从一阶自回归过程；ρ 代表了持久性收入的收敛速度，该值越大，说明持久性收入变动的冲击效应越明显，则易加深收入固化程度。进一步，假定上述变量均满足如下分布：$e_{it} \sim N(0, \sigma_e^2)$，$\eta_{it} \sim N(0, \sigma_\eta^2)$，$w_{i0} \sim N(0, \sigma_{w0}^2)$，并且 $e_{i,t+n}$ 和 η_{it} 不存在序列相关。于是，（6.1）式可变化为：

$$\ln y_{it} = \rho^t w_{i0} + \sum_{n=0}^{t-1} \rho^{t-n-1} e_{i,n+1} + \eta_{it} + u \quad (6.2)$$

式中，e 代表影响个体收入的永久性趋势，其方差即为永久性收入变动的冲击。据此，个体现期收入就取决于初始收入状况 w_0，暂时性收入冲击 η 和持久性收入冲击 e。基于（6.2）式，可将得出个体总收入方差的表达式[①]：

$$\mathrm{var}\left[\ln y_{it}\right] = \begin{cases} \rho^{2t}\sigma_{w0}^2 + \sigma_\eta^2 + \dfrac{1-\rho^{2t}}{1-\rho^2}\sigma_e^2, & if \quad \rho \neq 1 \\ \sigma_{w0}^2 + \sigma_\eta^2 + t\sigma_e^2, & if \qquad \rho = 1 \end{cases} \quad (6.3)$$

在此基础上，借鉴肖洛克斯（Shorrocks，1993）关于收入流动性的测度方式，可把 $0-t$ 之间的收入流动性 m_t 定义为"$1-$（0 和 t 时期收入的相关系数）"，如（6.4）式所示。其中，$\sigma_{\ln y_{i0}} = \sqrt{\mathrm{var}\left[\ln y_{i0}\right]}$，$\sigma_{\ln y_{it}} = \sqrt{\mathrm{var}\left[\ln y_{it}\right]}$。于是，收入流动性的大小就跟 σ_e^2，σ_η^2，ρ 这三个参数有关。持久性收入冲击（σ_e^2）和暂时性收入冲击（σ_η^2）的参数越大，收入流动性越大；而永久收入趋势 ρ 越大，反映出现期收入受前期收入的决定越明显，收入流动性反而越小。

$$m_t = 1 - corr(\ln y_{i0}, \ln y_{it}) = 1 - \frac{cov(\ln y_{i0}, \ln y_{it})}{\sigma_{\ln y_{i0}}\sigma_{\ln y_{it}}} \quad (6.4)$$

因此，（6.4）式中的参数值直接决定着收入流动性的大小。那么如何估计上述参数呢？克雷布斯等（Krebs et al，2013）认为，可将 σ_e^2，σ_η^2，ρ 这三个参数对收入的影响并入随机误差项；在此基础上，构建明瑟尔（Mincer）对数收入决定方程（（6.5）式），用影响个体收入的重要解释变量（如：年龄、受教育程度、职业等）对个体收入的对数进行回归，以得到回归方程的

---

① 在（6.3）式中，收入的方差还随时间而变化。实际上，个体收入的变化在短期内是一个相对平稳的过程；而在长期，受职业、迁移、经验等可观测变量，以及诸如禀赋、运气等非观测变量的影响，收入的不确定性往往更大。

残差，亦即个体收入的残差。于是，该残差收入就包含了 σ_e^2，σ_η^2，ρ 这三个待估参数。

$$\ln y_{i,t} = \alpha + \sum_i \beta_i x_{i,t} + v_{i,t}; where \quad v_{i,t} = w_{i,t} + \eta_{i,t} \tag{6.5}$$

残差收入的方差和协方差（$var(v_{i,t})$ 和 $var(v_{i,t}, v_{i,t+1})$），就如（6.6）式和（6.7）式所示。可利用明瑟尔（Mincer）方程估计出的残差收入来计算其方差和协方差，具体方式为：（6.6）式中被解释变量样本来源于个体 i 在每一时间截面 t 内组内方差，（6.7）式中被解释变量样本来自于个体 i 在不同时间段 t 之间的组间协方差。至此，就得出了（6.6）式和（6.7）式中被解释变量的待估样本。进一步，可采用非线性似不相关（NLSUR）回归法同时估计（6.6）式和（6.7）式，以得到参数 σ_η^2，σ_e^2，σ_{w0}^2，ρ 的估计值（Krebs et al，2013）。

$$var[v_{it}] = var[(w_{it} + \eta_{it})] = \sigma_\eta^2 + \rho^{2t}\sigma_{w0}^2 + \frac{1-\rho^{2t}}{1-\rho^2}\sigma_e^2 \tag{6.6}$$

$$covar[v_{it}, v_{i,t+1}] = cov((w_{it} + \eta_{it}), (w_{t,t+1} + \eta_{i,t+1})) = \rho^{2t+1}\sigma_{w0}^2 + \frac{1-\rho^{2t}}{1-\rho^2}\rho\sigma_e^2 \tag{6.7}$$

接下来，就可以分析收入流动对社会福利的影响了。通常采用消费来考察福利水平，可令 $c_{i,t}$ 表示个体 i 在 t 时期的消费水平，那么，福利效用函数就可表示为[①]

$$\begin{aligned}
W &= E\left[\sum_0^\infty \beta^t \ln c_{i,t}\right] = E\left[E\left[\sum_0^\infty \beta^t \ln c_{i,t} \mid w_0\right]\right] \\
&= E\left[-\frac{\beta}{(1-\beta)(1-\beta\rho)}\frac{\sigma_e^2}{2} + \frac{1}{1-\beta\rho}w_0\right] \\
&= -\frac{\beta}{(1-\beta)(1-\beta\rho)}\frac{\sigma_e^2}{2} + \frac{1}{1-\beta\rho}\frac{\sigma_{w0}^2}{2}
\end{aligned} \tag{6.8}$$

---

① 关于该效用函数的推导，可详见克雷布斯等（Krebs et al，2013）的原文。其涉及"初期收入和方差，t 时期的条件期望和方差，随机误差项的分布"这三个重要的假定，而相关推导的描述需要大量篇幅。因此，这里不一一列举。

这里，β 表示折现因子，该值越小表明福利效应的现值水平越低[①]。可以证明，社会福利水平 W 与 σ_{u0}^2、σ_e^2、ρ 呈反方向变动。值得注意的是，（6.8）式并未包含 σ_η^2，说明社会福利水平与持久性收入冲击无关；但与暂时性收入冲击（σ_e^2）和持久性收入趋势（ρ）相关。

于是，从（σ_{u0}^2，σ_e^2，ρ）到（$\hat\sigma_{u0}^2$，$\hat\sigma_e^2$，$\hat\rho$），这两期间收入流动性的社会福利差异可通过下式计算：

$$\ln(1+\Delta)=\frac{\beta}{(1-\beta\hat\rho)}\frac{\hat\sigma_e^2}{2}+\frac{(1-\beta)}{(1-\beta\hat\rho)}\frac{\hat\sigma_{u0}^2}{2}-\frac{\beta}{(1-\beta\rho)}\frac{\sigma_e^2}{2}-\frac{(1-\beta)}{(1-\beta\rho)}\frac{\sigma_{u0}^2}{2}$$

（6.9）

由此，上述分析框架既实现了不依赖收入转换矩阵的收入流动性测度，又给出了收入流动性社会福利效应的测度和分解方式。接下来，将采用 CHNS 在 1991～2009 年之间的农村追踪调查数据进行实证分析，以考察收入流动性的社会福利效应。

6.2 数据描述

本研究的数据来源于中国营养健康调查（CHNS）在 1991～2009 年之间的调查数据。CHNS 在 1989 年、1991 年、1993 年、1997 年、2000 年、2004 年、2006 年、2009 年总共进行了 8 期调查，其中城镇样本大约占 1/3。但本书仅采用了 1991～2009 年间的数据，并将其划分为 1991～2000 年和 2000～2009 年两个阶段，而不是采用每两年的数据来构建样本。原因在于，虽然连续参与调查的追踪数据最能够反映出收入流动性的变化；然而，连续参与调查的样本并不易得且数量较少，特别是在 2000 年前后，CHNS 按照一定比例进行了重新抽样，致使连续调查样本大幅减少。因此，本研究以 2000 年为界

① 在多数文献里面，该参数被取作 0.96。为考察结论的稳健性，本研究借鉴同类文献的做法，将分别取 β 等于 0.96、0.94、0.9 进行计算。

97

将样本划分为1991~2000年和2000~2009年两个区间，以增大样本信息量。并且，1991~2000年和2000~2009年之间都是相隔9年，满足收入流动性比较所需的期间不变性①。另外，2000年之所以被一些学者作为研究中国经济的分界点，在于2000年后我国国有企业和劳动力市场改革的深化、加入WTO等都对居民就业和收入状态有着较大影响，这是其划分的现实依据。

在样本划分的基础上，还需进行样本筛选，包括：①剔除了就业状态为退休、就学的样本，使得用于分析的个体都拥有工作；②将样本年龄控制在18~60岁之间；③剔除了缺失值较多的样本，如收入、教育、职业等重要变量缺失的样本；④剔除了城镇地区的样本。

按照上述方式进行筛选后，最后得到1376个样本连续参与了1991~2000年间的调查，783个样本连续参与了2000~2009年间的调查。样本的描述性统计如表6.1所示。

表6.1　　　　　　　　　　　　　样本描述性统计

变量		均值	标准差	25%中位数	50%中位数	75%中位数
1991~2000年	收入（元）	3024.88	3859.75	908.35	1853.37	3887.86
	年龄	39.98	8.79	33.59	40.24	46.65
	受教育年限	5.92	3.68	3	6	9
2000~2009年	收入（元）	9328.10	12484.29	2941.5	6112.64	111400
	年龄	43.51	8.17	37.67	44.01	49.82
	受教育年限	7.30	3.52	5	9	9

变量	类　别	占比（%）	
		1991~2000年	2000~2009年
性别（Gender）	1=男	53.63	55.81
	0=女	46.37	44.19

---

①　期间不变性是指，不同时间间隔的收入转换矩阵和收入流动性指标不具有可比性。例如，1991~1993年之间间隔2年，1993~1997年之间间隔4年，如果把二者的收入流动性进行直接比较，容易得出不准确的结论。因为后者比前者经历了更长的时间，年份间隔变长，本身就会使收入流动性变大（王洪亮等，2012）。

变量	类　　别	占 比（％）	
		1991～2000 年	2000～2009 年
是否拥有第二职业（Jobsecond）	1 = 是	16.88	19.54
	0 = 否	83.12	80.46
主要职业（Occu）	1 专业技能工作者 = 高级专业技能工作者；一般专业技能工作者；运动员等	2.29	6.29
	2 管理者 = 行政官员/经理	2.66	3.31
	3 一般工作人员 = 秘书、办事员；司机；服务业人员	4.95	9.8
	4 农业生产者 = 农民、渔民、猎人	77.42	63.82
	5 技能工 = 技术工人或熟练工人（工段长、班组长、工艺工人等）	4.35	5.28
	6 非技能工 = 非技术工人或熟练工人（普通工人、伐木工等）	8.24	11.08
	7 一般政府雇员 = 军官与警官；士兵与警察	0.09	0.43
地区（Region）	1 = 东部	28.42	51.34
	2 = 西部	37.94	20.31

从表 6.1 不难看出，1991～2000 年期间收入均值为 3024、中位数为 1853；2000～2009 年期间收入的均值为 9328，中位数为 6112，表明总体上中低收入群体占多数。从年龄结构看，集中在 30～50 岁之间，2000～2009 年之间的受教育年限总体较 1991～2000 年之间的受教育年限高，说明样本年龄分布基本合理、居民受教育水平有显著提升。而从一些定性变量的分布来看，大多数受访者没有第二职业，男女比例符合当前我国的人口结构特征。从受访者主要职业分布来看，主要是以家庭务农为主，符合农村实际。而从地域分布来看，样本在东、中、西部的分布呈现出一定的随机性，这可能是由于在样本筛选中删除了一些样本而导致的，但不同区域的样本数仍占有一定比例。基于上述样本，可以进一步采用前述方法测度和分析收入流动性的大小及其社会福利效应。

6.3 实证结果分析

6.3.1 残差收入及相关参数的估计

要估计 σ_{u0}^2，σ_e^2，σ_η^2，ρ 这四个参数的数值，需要首先采用明瑟尔（Mincer）模型的设定方式，估计出其残差项，作为残差收入；再利用 NL-SUR 法同时估计（6.6）式和（6.7）式，即可得到上述四个参数的估计值。

Mincer 模型通常采用半对数方程进行估计，据此，可设定如下：

$$\ln y_{it} = \alpha + \beta_1 \times gender_{it} + \beta_2 \times age_{it} + \beta_3 \times age_{it}^2 + \beta_5 \times sch + \beta_6 \times jobsecond_{it}$$

$$+ \sum_{j=1}^{6} \theta_j Occu_{it} + \beta_7 \times region_{it} + \sum_k T_k + \xi_{it} \qquad (6.10)$$

（6.10）式中，y 表示收入，α 为常数项，β_i（i = 1，2，…，7）为对应变量的估计系数。（6.10）式有两个人口学特征变量，一是性别变量 gender，以女性作为基准类别；另一个是年龄变量 age 及其平方项，经验分析表明，通常个体收入有随着年龄先增大后降低的趋势。Jobsecond 为个体是否拥有第二职业的虚拟变量，若拥有则为 1；通常，拥有第二职业不仅带来收入水平的增长，还对应着获取收入机会的扩大。Occu 是受访者的职业特征，以农民作为基准类别，以体现不同职业对居民收入的影响；就我国的情况看，通常从事非农生产的个体能获得较高的收入。Region 为地区虚拟变量，将西部作为基准类别，以控制地区收入差异。T 为时间虚拟变量，用以控制收入随时间所呈现出的趋势性特征。就估计方法而言，考虑到样本属于典型的"大 N 小 T"型面板，相对有效的估计方式通常为混合估计法（Pooled OLS）[①]。上述估计结果如表 6.2 所示。

---

① 当然，本章也进行了 hausman 检验：采用 1991～2000 年样本估计时，采用混合估计和固定效应估计的 hausman 检验统计量为 −119.03，说明 Pool OLS 和随机效应（Fe）的估计结果具有一致性，但使用 Pool OLS 估计效果更佳；基于 2000～2009 年样本的 hausman 也能得到相同的结论。

表 6.2   Mincer 回归结果

变量	1991～2000 年			2000～2009 年		
	估计系数	T 值	显著性	估计系数	T 值	显著性
性别	0.1460	5.36	***	0.0121	3.33	***
年龄	0.1234	11.11	***	0.0716	3.83	***
年龄的平方	−0.0014	−10.56	***	−0.0008	−4.03	***
受教育年限	0.0221	5.49	***	0.0215	3.76	***
是否有第二职业	0.4964	0.0337	***	0.2527	5.88	***
职业 1（Occu1）	0.6982	8.2	***	0.9514	12.17	***
职业 2（Occu2）	0.8465	10.88	***	1.0329	10.67	***
职业 3（Occu3）	0.8855	15.28	***	0.6689	11.17	***
职业 4（Occu5）	0.8512	13.79	***	0.8638	11.03	***
职业 5（Occu6）	0.7440	15.92	***	0.6683	11.85	***
职业 6（Occu7）	0.4550	1.13		0.5145	2.02	**
东部（Region1）	0.1831	5.65	***	0.2328	5.75	***
中部（Region2）	0.0315	1.08		0.0236	0.48	
T_1	0.1674	4.83	***	0.1494	3.02	***
T_2	0.9698	26.91	***	0.4882	9.89	***
T_3	0.9583	25.18	***	1.0897	20.92	***
常数项	4.1063	18.93	***	6.1791	15.78	***
	Adj − R^2 = 0.3533； F = 188.45（P = 0.00）			Adj − R^2 = 0.3260.； F = 91.11（P = 0.00）		

说明：①在 1991～2000 年样本中，T_1、T_2、T_3 分别表示年份为 1993 年、1997 年、2000 年的时间虚拟变量，以 1991 年为基准类别；在 2000～2009 年样本中，T_1、T_2、T_3 分别表示年份为 2004 年、2006 年、2009 年的时间虚拟变量，以 2000 年为基准类别。

    不难看到，男性的收入水平要显著大于女性。并且，个体收入随年龄的增长呈现出先上升后下降的倒 U 型趋势，符合收入与年龄变化的经验分析结论。无论在哪个样本区间，Sch 和 Jobsecond 两个变量都显著为正，表明个体受教育水平越高则收入越高，且拥有第二职业的个体能获得更高的收入。职业虚拟变量（Occu）基本上显著为正，意味着相对于纯务农，从事其他非农职业的个体往往拥有更高的收入，证实了职业差异所引致的收入差距是存在的。地区虚拟变量中，位于东部，相对于西部个体拥有更高的收入，体现出明显的地区差异；但是，中部和西部农村居民间的收入差距估计值为正却不显著，表明中部农村居民的收入虽然较高但却未能在总体上与西部拉开显著性差距。最后，（6.10）式中时间虚拟变量都显著为正，说明模型较好地控制了时间与收入的趋势性关系。

所以，（6.10）式的估计结果大都符合理论预期和经验研究的一般结论，在此基础上可估计出其残差值，并进一步采用非线性似不相关回归（NL-SUR）法同时估计（6.6）式和（6.7）式，以得到相关参数的估计值。参数估计结果如表 6.3 所示。

表 6.3   参数估计

参数	1991～2000 年	2000～2009 年
	估计值	估计值
永久收入趋势 ρ	0.7386 *** （0.0504）	0.8827 *** （0.0465）
初始收入不平等 σ^2_w	0.2740 *** （0.0045）	0.2210 *** （0.0014）
持久性收入冲击 σ^2_e	0.0819 *** （0.0005）	0.0551 *** （0.0024）
暂时性收入冲击 σ^2_η	0.3161 *** （0.0901）	0.2819 *** （0.0965）

说明：①括号内表示标准误；②*** 表示在 1% 水平上显著。

表 6.3 的估计结果表明：①持久性收入趋势 ρ 的估计系数总体较大，说明个体现期收入水平受前期收入水平的影响较深；并且，2000～2009 年间的 ρ 估计值要大于 1991～2000 年，意味着 2000～2009 年间的收入流动性相对较小，阶层固化趋势相对明显。②暂时性收入冲击的方差 σ^2_η 在两个样本区间的估计值接近 0.3，说明偶发性的收入变动对个体长期收入水平具有明显的影响。③持久性收入冲击 σ^2_e 的值在两个样本区间内都小于 σ^2_η，原因在于一些影响收入水平但无法直接观测到的因素都归入了 σ^2_η，所以 σ^2_η 估计值通常较

大。④暂时性的收入冲击 σ_η^2 和持久性收入冲击 σ_e^2 的值，在 1991~2000 年的样本中都大于 2000~2009 年样本，在其他参数一致的假定下，2000~2009 年将对应着较低的收入流动性。⑤就初始收入方差 σ_w^2 而言，两个样本区间的估计值相差不大。接下来，就可以根据上述参数估计结果，考察收入流动性的大小及其社会福利效应。

6.3.2 收入流动性的测度

表 6.4 列出了不同时间段内的收入流动性指数及其在特定参数设定下的数值。从收入流动性的数值看，无论在 1991~2000 年样本还是 2000~2008 年样本，其数值随着时间跨度的增加而增大，说明长期的收入流动性大于短期。考虑到长期内不确定性的增加致使收入变动幅度较大，上述结论也就不难理解。而对比两个样本区间的收入流动性可知，2000~2009 年的收入流动性（0.7021）要低于 1991~2000 年的收入流动性（0.799），说明 2000 年后的收入流动性要低于 2000 年前。这与表 6.3 中参数估计结果所反映的参数特征基本吻合。

表 6.4　　　　　　　　　　　　收入流动性及其变化

	1991~1993 年	1991~1997 年	1991~2000 年	2000~2004 年	2000~2006 年	2000~2009 年
收入流动性	0.6439	0.7312	0.7990	0.6145	0.6613	0.7021
特定参数设定下，收入流动性的变化率（%）						
如果 $\rho=1$	-12.2	-19.43	-23.67	-5.15	-8.98	-11.87
如果 $\sigma_e^2=0$	-4.67	-5.44	-5.04	-3.71	-5.71	-6.67
如果 $\sigma_\eta^2=0$	-69.52	-48.85	-34.55	-78.9	-63.73	-52.37

为避免单一测度方法所可能引致的结果偏差，还可以采用其他几种常用的收入流动性指标进行综合测度。普莱斯（Prais，1955）提出的指标（记作 M_1），是通过收入转换矩阵迹的变动来反映出个体收入相对排序的变动度，

其值越大说明收入流动性越大。同样，基于收入转换矩阵的测度指标还来自于肖洛克斯（Shorrocks，1978）和阿特金森（Atkinson，1992）（分别记作 M_2 和 M_3），其共同点在于通过计算个体在不同时期的收入层级变动，来考察收入流动性；M_2 和 M_3 的值越大，则收入流动性越大。然而，上述三个指标的共同缺点在于对收入分组的细分程度和分组内部的流动性考虑不足，事实上，个体任何相对排序的变动都会引致收入流动。为此，王洪亮等（2012）提出了一种弥补上述缺陷的方法（记作 M_4），其通过计算不同时期的收入位次差来反映收入流动性；该指标同样介于 0~1 之间，越靠近 1 说明收入流动性越大。

从表 6.5 不难看到，指标 M_1~M_4 都一致表明，1991~2000 年期间的指标都要明显大于 2000~2009 年。由于这四个指标都是数值越大、收入流动性越大，所以，综合来看 2000~2009 年期间的收入流动性小于 1991~2000 年期间的收入流动性。这与上述基于（6.6）式和（6.7）式参数估计得到的收入流动性判别结论相一致。所以，本书的结论在一定程度上与既有发现相符：经济制度变革导致农户收入流动性加快（Nee，1996），但农村居民收入流动性有先增大后逐渐稳定的趋势（孙文凯等，2007）。

表 6.5　　　　　　　　　　测度收入流动性的其他指标

样本 年份	M_1：Prais（1955）	M_2：Shorrocks（1978）	M_3：Atkinson（1992）	M_4：收入位次差
1991~2000 年	0.915	0.417	0.383	0.5516
2000~2009 年	0.836	0.36	0.326	0.495

进一步，通过分析永久收入趋势 ρ、持久性收入冲击（σ_e^2）和暂时性收入冲击（σ_η^2）取值为零的特殊情况，有助于明晰它们各自对收入流动性的影响程度。从表 4 中不难看到：①持久性收入冲击 σ_e^2 取零，不同时期收入流动性的变化率最小，说明持久性收入冲击对收入流动性的影响较小。②永久收入趋势参数 ρ，衡量的是现期收入与上一期收入的相关程度，如果其值取 1（现期收入将完全取决于前期收入），平均而言将会使收入流动性下降大约

14%。如果初始的收入不平等程度较大，那么这种不平等就具有较强时间传递性，会最终降低收入流动性、引致阶层固化。③暂时性收入冲击（σ_η^2）取零，所引致的收入流动性变动度最大，但该效应随时间的增长而减弱。由于暂时性的收入冲击既包含了年龄、性别等影响收入的变量（这些变量未纳入模型（6.9）中），又包含了测度误差因素，因此该值的变化对收入流动性有较大影响。上述分析表明，暂时性收入冲击对收入流动性的影响力最大，说明农村居民收入具有较大波动性（例如，气候、生产要素价格对农业收入的影响，临时性的外出打工对非农收入的影响等，都是造成收入波动的原因），对收入流动性具有显著影响；永久收入趋势虽在一定程度上决定着初始不平等的传递性，但其贡献度相对较小。所以，在收入分配差距较大的情况下，促进收入流动就需要降低居民收入风险以及提高居民获取收入的能力。

综上所述，与 1991～2000 年相比，2000～2009 年期间收入流动性显著降低，说明农村居民改善自身收入地位的机会大不如前，农村社会的收入分层结构日趋僵化稳定。暂时性收入冲击对收入流动性的影响最大，永久收入趋势的影响次之，持久性收入冲击影响最小。那么，其引致的收入流动是"好"还是"坏"，对社会福利效应的影响怎样？接下来，将通过计算社福利函数进行实证分析。

6.3.3 收入流动性的福利效应解析

根据（6.9）式可对比分析不同时期内收入流动性福利效应的变化。如表 6.6 所示，无论折现因子 β 取何值，所得的数值都为正。说明 2000～2009 年相对于 1991～2000 年而言，收入流动性的社会福利效应更高。为避免单一方法计算可能引致的结果不稳健，进一步采用查克拉瓦蒂（Chakravarty et al,1985）的福利测度指标（M_{CDW}）进行考察，该指标通过计算向上流动和向下流动的位次差来反映社会福利水平，被既有文献广泛用作收入流动性福利效应的考察。通过测算，M_{CDW} 指数在 1991～2000 年期间的数值为 0.059，而在

2000～2009 年期间的数值为 0.069；显然，2000～2009 年期间的社会福利效应要大于 1991～2000 年。总的来说，测度结果较为稳健。另外，折现因子 β 的取值会显著影响社会福利水平，折现因子越小、社会福利的差异程度越小。

表 6.6 社会福利效应水平

	2000～2009 年相对于 1991～2000 年的社会福利变化水平（%）		
	β = 0.96	β = 0.94	β = 0.90
社会福利水平	4.83	3.82	2.35

那么，为何 2000～2009 年的收入流动性比 1991～2000 年低；而就收入流动性的福利效应而言，2000～2009 年又较 1991～2000 年高呢？结合（6.8）式可以证明[①]，其关于 σ_{u0}^2、σ_e^2、ρ 各自的一阶偏导数小于零，说随着这三个参数数值的增大，收入流动性的社会福利效应反而越低。于是，通过分析上述三个参数在不同时期数值的大小，有助于为该问题寻找答案。

σ_{u0}^2 越大，说明初始收入不平等程度越高，有可能起到阻碍收入流动，或者限制向上流动（up mobility）的作用，进而造成收入阶层的固化，最终降低社会福利水平。根据表 6.3 可知，σ_{u0}^2 在 1991～2000 年期间的数值相对较高，说明其会使得 1991～2000 年的福利效应低于 2000～2009 年。根据样本计算所得，1991～2000 年的初始收入基尼系数为 0.45224，大于 2000～2009 年的初始收入基尼系数 0.43205，这会使 1991～2000 年的社会福利效应降低更多。

σ_e^2 越大，则意味着持久性收入冲击越大、社会福利水平越低。虽然持久性收入冲击越大会使得收入流动性越大，但如果这种收入流动是低质量的（即向下流动多于向上流动）[②]，反而说明更多的个体收入地位降低了，两极分化更加严重。观察表 6.3 可知，σ_e^2 在 1991～2000 年的数值相对较高，相

---

① 关于该证明的具体表述，可参见克雷布斯等（Krebs et al, 2013）的原文。

② 即，向上流动的比例小于向下流动的比例。收入流动发生时，有人流向较高收入阶层、也有人流向较低的收入阶层，居民收入向上/向下流动的比例，反映出收入流动性质量。向上流动越多，则说明收入流动质量越高。具体计算中，可在五等分收入转换矩阵的基础上，分别计算出收入层级向上提升、向下降低的概率。

对 2000~2009 年而言，更大的持久性收入冲击会使得其社会福利效应更低。表 6.7 表明，1991~2000 年间向上流动的概率小于向下流动概率，而 2000~2009 年间向上和向下流动概率相等，说明 1991~2000 年间居民收入地位改善的可能性更低，即对应着较低的社会福利水平。

表 6.7 　　　　　　　　　　　　向上流动和向下流动概率

	向上流动概率	向下流动概率	向上/向下
1991~2000 年	0.39	0.4525	0.8618
2000~2009 年	0.4275	0.4275	1

ρ 越大，说明永久收入趋势越明显，收入固化程度越高。因此，个体的未来收入受前期收入的决定越明显，一方面会降低收入流动性，另一方面会降低社会福利效应。ρ 在 1991~2000 年期间的数值小于 2000~2009 年期间的数值，说明相对而言，2000~2009 年间更大的永久收入趋势会使得其福利效应下降更多。

因此，1991~2000 年间更大的初始收入不平等和持久性收入冲击，使得其福利效应相对 2000~2009 年下降得更多；而 1991~2000 年间更小的永久收入趋势又使得其福利效应相对 2000~2009 年下降更少。但总的说来，前者效应大于后者，整体上仍表现为 2000~2009 年的社会福利效应大于 1991~2000 年。

上述分析明晰了收入流动性的社会福利效应变化原因。那么，σ_{u0}^2、σ_e^2、ρ 这三者中，谁的变动对社会福利水平的影响更大呢？在此，可进行敏感性分析[①]。考虑到折现因子不同对福利测度的影响，仍采用三种不同的数值进行分析以保证结果的稳健性，相关计算结果如表 6.8 所示。不难发现，无论折现因子取值如何，也无论是在 1991~2000 年还是 2000~2009 年样本，在保持 σ_{u0}^2 和 σ_e^2 不变的情况下，ρ 变动 10% 所引起的社会福利水平变动度最大。这意味着社会福利效应对永久性收入趋势的变动最为敏感，其次分别为持久

---

　　① 即在保持其他两个参数不变的情况下，使其中一个参数变化一个固定的百分比（如 10%），以考察社会福利水平的变动程度。

性收入冲击和初始收入不平等程度。这说明，永久收入趋势（ρ）总体上决定了个体收入的长期增长趋势，其会在较大程度上决定着收入流动大小和质量，进而对社会福利效应有着重要影响；而持久性收入冲击（σ_e^2）对收入结构造成的冲击具有持续性，其变动也会在一定程度上影响着社会福利水平；初始收入不平等程度（σ_{w0}^2）变动对社会福利效应的效应最小，说明后期的收入流动能在一定程度上缓解初始收入不平等所带来的不利影响。

表 6.8　　　　　　　　收入流动社会福利效应的敏感度分析

	1991～2000 年			2000～2009 年		
	初始收入不平等的变化 $\Delta\sigma_{w0}^2$	持久性收入冲击的变化 $\Delta\sigma_e^2$	永久收入趋势的变化 $\Delta\rho$	初始收入不平等的变化 $\Delta\sigma_{w0}^2$	持久性收入冲击的变化 $\Delta\sigma_e^2$	永久收入趋势的变化 $\Delta\rho$
$\beta=0.96$	0.188	1.351	3.017	0.290	1.733	7.22
$\beta=0.94$	0.269	1.259	2.828	0.389	1.521	6.26
$\beta=0.90$	0.409	1.099	2.495	0.538	1.206	4.86

说明：①$\Delta\sigma_{w0}^2$ 表示，当 σ_e^2 和 ρ 保持不变时，σ_{w0}^2 降低 10% 所引起的社会福利水平变化率的绝对值。$\Delta\sigma_e^2$ 和 $\Delta\rho$ 的含义以此类推。②表格中数值的单位为% 。

综上所述，虽然 2000～2009 年间收入流动性较 1991～2000 年低，但其对应的社会福利效应却相对较高。相对于 1991～2000 年，2000～2009 年有着更低的初始收入不平等程度、更高的收入流动质量，使得社会福利效应相对较高。就不同因素对社会福利效应的贡献度而言，社会福利效应对永久收入趋势变化的反应最为敏感，其后依次为持久性收入冲击和初始收入不平等程度。

6.4　本章小结

基于 CHNS 的农村追踪调查数据，构建了 1991～2000 年和 2000～2009 年两个跨度为 10 年的实证样本，考察了收入流动性及其社会福利效应的大小，并分析了其形成原因。研究发现：①2000～2009 年这 10 年间的收入流动性要低于 1991～2000 年；就影响因素而言，暂时性收入冲击对收入流动性的影响最大，其次为永久收入趋势和持久性收入冲击；②就收入流动性的社会福利效应而言，2000～2009 年间的福利水平要高于 1991～2000 年，原因在于 2000～2009 年期间对应着更低的初始收入不平等程度和更高的收入流动质量；③在影响社会福利水平的因素中，永久收入趋势的贡献度最大，其次依次为持久性收入冲击和初始收入不平等程度。

　　本章的研究具有明显的政策含义。尽管收入流动通常被认为是促进阶层流动、缓解收入不平等的重要途径，但对收入流动性的关注还应考察其社会福利效应，由此判明收入流动到底是亲穷人的"好"还亲富人的"坏"。初始收入不平等较大背景下，只有大多数穷人获得更多向上流动的机会，才能提高收入流动性的质量及其社会福利效应，形成"好"的收入流动。这就需要在长期内拓宽中低收入群体的增收路径、提高中低收入群体的增收能力，以促进合理收入流动。当然，本章研究的不足之处也在所难免。一是受数据获得所限，本研究的样本数量还不够大、覆盖范围还不够广，随着更为丰富的微观资料的获得将会使得相关研究的结论更为稳健。二是对影响收入流动性社会福利效应的因素还可以进一步深入考察，从而得到更为丰富的结论。这都是后续研究可深入的方向。

第7章　贫困代际传递的测度及分析

根据 2011 年官方最新公布的收入贫困线（2300 元/年），我国尚有贫困人口 1.28 亿，占全部农村人口的 13.9%。如何降低剩余贫困人口的规模并防止其陷入"贫困陷阱"值得深入研究，其中，贫困的代际收入流动是一个备受关注的问题。所谓代际收入流动（intergenerational income mobility），主要是考察一个人在收入分配中的位置在多大程度上由其父辈决定，代际收入流动性的大小体现出机会均等的特性。在我国收入分配差距较大的背景下，贫困群体可能固守在父辈遗留下来的经济、社会环境而难以实现生存状态的改变，造成贫困在代际间传递的恶性循环马太效应。最近的一份研究证据也表明，中国的代际收入弹性在 2009 年为 0.46，与其他国家相比仍然较高，且代际收入的低流动性主要体现在贫困群体（何石军、黄桂田，2012）。所以，关注贫困群体的代际收入流动，既有利于促进收入分配结构的优化，在长期内减小收入分配差距；又有利于形成"良性"的社会流动渠道，促进机会均等以及缓解社会矛盾。那么，我国当前的贫困代际收入流动程度如何，受哪些因素的影响，不同影响渠道的贡献度怎样，相应的反贫困措施是什么？本章拟结合模型分析和基于中国综合社会调查（CGSS）的实证估计，对上述问题的回答提供一个实证支撑。

7.1 方法与数据

7.1.1 研究方法

贝克尔和托姆斯（Becker & Tomes，1986）构建的理论模型被认为是代际收入流动的经典框架，它认为父代和子代之间的收入联系存在于两个方面：①父代对子代的人力资本是一种经济行为，子代的人力资本积累取决于父代的投入水平；②子代从父代继承了某些影响子代收入的先天特征，称之为禀赋，这种禀赋主要受基因或家庭、社区文化环境的影响①。虽然该模型的诸多假定限制了其普适性，但却为后续研究建立了基础。

根据上述理论框架，并结合相关实证研究的主要结论，代际贫困传递的形成可归结为以下主要方面。

首先是教育因素。父代通常将收入优势转化为子代教育获得优势，在我国教育资源分配不均的背景下，穷人的子女因难以获得优质教育而造成人力资本积累水平低下，最终降低贫困群体的代际收入流动性。已有关于中国代际收入流动性的研究大多提出，教育是引致代际收入流动性变化的极为重要因素。

其次，劳动力市场不完善，使得社会资本和权力寻租在很大程度影响到劳动者的职业和收入水平，表现为职业的代际循环②。这说明上述因素正起到加速贫富分化的作用，也必然会对代际收入流动产生影响。

最后，在收入分配差距较大的背景下，财富的代际传递也成为代际收入流动的重要途径之一。改革开放以来，中国居民的财产分布差距出现了快速而且明显扩大的趋势，其对于收入分配差距的贡献度不断上升，并起到加深阶层固化、阻碍代际收入流动的作用。

基于此，可得到基本的代际收入弹性实证方程为

$$y_i^c = a_i + \beta \times y_i^f + \varepsilon_i \tag{7.1}$$

其中，y_i^c 表示子代的对数收入、y_i^f 表示父代的对数收入，估计系数 β 就是代际收入弹性。在理想情况下，采用永久性收入能够获得更为精确的估计结果；然而，要获取两代人的永久性收入需要长期追踪调查，国内外的大多数调查都难以满足该条件，转而采用单年收入进行估计。但是直接利用（7.1）式进行估计容易导致估计系数的向下偏误，可通过在（7.1）式右边加入子代年龄及其平方项、父代年龄及其平方项，来尽可能地降低这种偏误（Solon，1992）。则（7.1）式可改进为

---

① 或者说，禀赋是不能被父母主观所控制，但同时又会对子代收入产生影响的因素，如运气、智力和同代相互影响等。

② 例如，近年来被备受关注的就业"体制内传承"现象，就是一个现实例证。

$$y_i^c = a_i + \beta \times y_i^f + \lambda_1 \times age_i^c + \lambda_2 \times age_i^{c2} + \lambda_3 \times age_i^f + \lambda_4 \times age_i^{f2} + \varepsilon_i$$

$$(7.2)$$

父代收入对子代收入的影响，可分为解直接效应和间接效应（Bowles & Gintis，2002）。直接效应衡量了父亲收入和子代收入的显性相关程度，在数量上表现为父代和子代的代际收入弹性大小（β）；并且，直接效应里面还包含了诸如运气等非观测因素。而间接效应则表明子代收入还受其个体特征的影响，上述理论分析中的人力资本、财富资本、社会资本等因素不仅影响着子代收入，而且这些变量的大小还在一定程度上取决于父亲的收入水平。因此，其具有典型的中间变量特征，也是代际收入传递的主要渠道，可利用上述变量来计算其对代际收入流动的影响及其贡献度。

基于数据获得性，选取了人力资本、社会资本、生产资本、财富资本、文化资本作为父代影响子代的中间变量，并在实证上估计出上述各中间变量对代际收入流动性的影响。模型设定如（7.3）式所示，其中 X_i 表示分别加入人力资本、生产资本、财富资本、社会资本、文化资本这个五个中间变量。

$$y_i^c = a_i + \beta \times y_i^f + \lambda_1 \times age_i^c + \lambda_2 \times age_i^{c2} + \lambda_3 \times age_i^f + \lambda_4 \times age_i^{f2}$$
$$+ \eta_i \times X_i + \varepsilon_i \qquad (7.3)$$

基于（7.3）式，可分别依次加入上述五个中间变量进行估计，并将加入后的代际收入弹性估计值与未加入任何中间变量的（7.2）式进行比较，以考察不同变量对代际收入流动性会有怎样的影响。

为考察不同渠道的传递贡献率，可基于"父亲收入→中间变量→子代收入"这个逻辑架构，构建一个包含投资方程和回报方程的实证分析架构。模型设定形式如下：

$$IV_{j,i} = \varphi_i + \lambda_j y_i^f + u_{j,i} \qquad (7.4)$$

$$y_i^c = \omega_i + \sum_{j=1}^{3} \theta_j IV_{j,i} + v_i \qquad (7.5)$$

（7.4）式为投资方程，（7.5）式为回报方程。其中，$IV_{j,i}$ 表示中间变量，当 $i = 1，2，\cdots，5$ 时分别表示人力资本、生产资本、财富资本、社会资本、文化资本。于是，（7.4）式和（7.5）式表示父亲通过不同渠道的资本投资，最终从子代获取回报的过程。λ_j 和 θ_j 分别为父代投资系数和子代回报率，则各中间变量对代际收入传递的贡献率就可由下式决定：

$$\beta = \sum_{j=1}^{5} \lambda_j \theta_j + \frac{\text{cov}(v_i, y_i^f)}{\text{var}(y_i^f)} \qquad (7.6)$$

$$\tau_j = \lambda_j \theta_j / \beta \qquad (7.7)$$

其中，（7.7）式测度了不同中间变量对代际收入流动性的贡献率，上述五个中间变量的贡献率之和则构成了代际收入流动的间接效应，（1 - 间接效应）就是代际收入流动的直接效应。

7.1.2 数据描述

本章采用中国综合社会调查（CGSS）在 2006 年的调查来构建研究样本。该调查由中国人民大学社会学系和香港科技大学社会科学部共同完成，采用多阶段分层抽样的方式获得了 10000 个有效样本。

需要进行如下筛选以获得有效样本：①由于我国绝对贫困主要集中在农村，所以剔除了城市样本；②剔除了子代和父代收入数据缺乏的样本；③剔除了子代年龄小于 20 岁、父代年龄大于 65 岁的样本，以及收入、父亲年龄、受教育水平、住房、职业等关键变量缺失或出现异常值的样本。最终，获得了 456 个农村样本，其中贫困样本有 186 个①。

有文献采用工资性收入估计代际收入弹性，其认为工资性收入更能反映个体通过劳动获取收入的能力。但根据样本特性，宜采用总收入进行计算，原因在于：一是，近年来中国农村居民收入来源日益多样化，尽管工资性收

---

① 贫困群体的界定取决于贫困线的选择。本书采用 2011 年中央扶贫开发工作会议上公布的"2300 元/年"的官方贫困线。由于该标准是基于当年价格计算的，而样本的调查时间是在 2005 年，需按照农村居民消费价格指数（来源于《中国统计年鉴 2012》）进行调整，调整后的贫困线为"1847元/年"，年收入低于该水平的个体则视作贫困。

入和财产性收入的占比逐渐上升①，但农业经营性收入仍是农村居民收入的重要来源，仅采用某一类别的收入难以综合反映居民收入能力；二是，因为中国综合社会调查（CGSS）数据未详细调查父亲的收入结构，也无法从中分离出不同类别的收入。

人力资本采用个体的受教育年限进行测度。生产资本采用家庭人均耕地面积（单位：亩）进行测度，耕地作为农户最直接、最重要的生产资料，耕地面积的多少往往与农业产出正相关，因此，耕地面积的大小在一定程度上反映出农村居民生产资本的多寡。财富资本采用农户住房的市场价值进行测度，住房作为财富的主要载体，在很大程度上体现出个体财富的多少。就文化资本而言，广义的文化资本应涵盖社区、种族、风俗、家庭环境等因素，进而形成影响个体发展的文化环境；但受数据获得所限，采用家庭所拥有的图书数量作为代理指标也能在一定程度上反映出文化环境的特征，可作为在数据受限情况下的一种尝试。

社会资本的定义较为宽泛，它是指个体通过掌握某种社会网络，以利用这种资源来获得一定量的收益。结合我国的实际情况看，个体的社会资本在很大程度上与其职业、单位性质、行政职务和政治面貌相关。可根据上述四个指标构建社会资本变量，具体过程如下：①把样本的职业划分为三类：一是农民；二是一般工人，包括非技能体力劳动者和从事简单事务性工作的人；三是个体经营业主。按照顺序，将上述三类职业分别赋予1、2、3的分值。②政治面貌主要考察是否为党员，党员=1，非党员=0。③担任村及以上干部则为1，否则为0。④单位性质方面，通常把党政机关和事业单位视作国有部门，取值为1；而把其他单位（包括企业、个体户等）取值为0。⑤对上述四个变量进行主成分分析，以获得反映个体社会资本多寡的综合性指标，职业、单位性质、担任干部、政治面貌的权重系数分别为0.5007、0.3961、0.5867、0.492②。不难看出，是否担任干部和所属职业，对个体所拥有社会

---

① 我国农村居民工资性收入和财产性收入占总收入的比重，在1995年、2000年、2011年分别为16.88%、23.75%、32.46%，表明农村居民收入来源多样化，传统农业经营性收入占比降低（资料来源：根据《中国统计年鉴2012》整理）。

② 限于篇幅，在此未列出主成分分析的具体过程，相关原始资料备索。

资本的影响较大。描述性统计如表 7.1 所示。

表 7.1 样本统计描述

类别 变量指标		贫困					非贫困				
		均值	标准差	P25	P50	P75	均值	标准差	P25	P50	P75
父代	对数收入	7.62	0.93	6.91	7.60	8.29	7.96	0.84	7.60	8.01	8.52
	年龄	58.24	4.88	55	59	62	58.54	5.40	55	59	63
子代	对数收入	7.11	0.55	6.91	7.31	7.60	8.64	0.59	8.16	8.52	9.21
	年龄	32.33	5.56	29	32	36	33.56	5.94	29	34	38
	教育年限	5.79	3.44	4	6	8	7.53	3.12	6	8	9
	耕地面积	4.187	8.45	0.85	2	3.33	4.28	7.40	1.33	2.25	4.5
	房产价值	1.24	9.31	0.5	1	2	3.47	4.17	1	2.5	5
	社会资本	0.23	0.42	0	0	0.50	0.55	0.68	0	0.50	0.99
	文化资本	1.81	1.09	1	1	2	2.23	1.28	1	2	3

说明：①P25、P50、P75 分别表示在 25%、50% 和 75% 分位点上的值；②子代和父亲收入以元作为单位，耕地面积单位为亩，房产价值单位为万元，社会资本经标准化处理后无量纲。

从表 7.1 不难看出，就年龄和人均耕地面积的均值而言，非贫困群体和贫困群体差异并不太大；但就其他变量的均值进行比较，则非贫困群体都显著高于贫困群体，体现出二者在收入水平以及获取收入能力方面的差距。子代年龄平均在 33 岁左右，父亲年龄平均在 58 岁左右，两代人相差约 25 岁，符合一般性的经验认识。在收入方面，贫困群体中子代收入均值低于父代，而非贫困群体中子代收入均值高于父代，说明贫困群体存在贫困深化的倾向，体现出一定的收入差距两极分化特征。接下来，可基于样本数据并采用上述实证方法，来实证探讨贫困的代际收入传递特性。

7.2 实证结果分析

7.2.1 代际收入流动性的测度

代际收入弹性反映出父代与子代的收入关联程度，该数值越大，说明代际收入继承性越强、代际收入流动性越弱。根据表 7.2 不难发现，农村贫困家庭的代际收入弹性为 0.255，高于非贫困家庭的 0.162，前者是后者的 1.6 倍。说明贫困家庭的代际收入流动性更低，贫困家庭的下一代更容易继承上一代的收入劣势。

表 7.2   贫困代际收入弹性的估计

解释变量类别	贫困	非贫困
父亲收入的对数	0.255 (4.84) ***	0.162 (3.46) ***
子代年龄	0.111 (1.99) **	−0.0425 (−0.56)
子代年龄的平方	0.0015 (1.71) *	0.0007 (0.65)
父亲年龄	0.0095 (0.36)	0.133 (0.88)
父亲年龄的平方	−0.0005 (−0.34)	−0.0012 (−0.92)
常数项	1.209 (1.75) *	4.337 (2.76) ***
$Adj - R^2$	0.146	0.137

说明：①被解释变量为子代收入的对数，括号内为 T 值；② * 、 ** 、 *** 分别代表在 10% 、 5% 、1% 水平上显著。

为明晰代际收入流动的结构，可用五等分法来计算样本总体（包含贫困和非贫困）的收入转换矩阵（见表 7.3）。总的来看，主对角线上的数值普遍大于矩阵中其他位置，这反映出收入具有较强的代际传递性。父代和子代位于第 1、2 收入等级的样本收入位于贫困线以下，属于贫困群体。于是，父代贫困引致子代贫困的概率为 0.6((0.42 + 0.15 + 0.27 + 0.36) ÷ 2 = 0.6)，亦即贫困群体的脱贫概率为 40%，体现出较强的贫困代际传递性。值得注意的是，父代处于最低收入等级并且其子代也陷入最低收入等级的概率为 0.42，说明最贫困群体经历着更强的贫困代际传递，这也印证了上述代际收入弹性的估计结果。

表 7.3　　　　　　　　　　　　　　　　收入转换矩阵

父代的相对收入位置	子代的相对收入位置				
	1	2	3	4	5
1	0.42	0.27	0.07	0.13	0.11
2	0.15	0.36	0.13	0.20	0.16
3	0.12	0.28	0.20	0.18	0.22
4	0.18	0.31	0.04	0.18	0.28
5	0.09	0.28	0.12	0.25	0.26

说明：1~5 依次表示收入处于以下分位点区间内（0，20%）、（20%，40%）、（40%，60%）、（60%，80%）、（80%，100%），1 表明处于最低收入分层，5 表明处于最高收入分层。

　　那么，为何贫困群体会面临如此低的代际收入流动性呢？在此，可通过分析父辈的特征来加以阐述。如表 7.4 所示，就受教育程度而言，贫困群体的父亲平均水平为 4.6 年，明显低于非贫困群体的 5.01 年；就父亲的政治面貌来看，贫困群体父亲为党员的比例只有 2.62%，也小于非贫困群体的 7.87%；就收入水平来看，贫困群体父亲年均收入只有 3136 元，同样低于非贫困群体的 4167 元。因此，贫困群体的父代，无论在人力资本积累、社会资本积累以及收入能力方面，都要显著地低于非贫困群体。由此引致的贫困群体代际收入流动性较低，也就不难理解。

表 7.4　　　　　　　　　　　　　　　　父辈的特征比较

项目类别 ＼ 类别	贫困	非贫困	显著性
父亲的平均受教育年限（年）	4.6	5.01	$T=2.199$（0.0285）**
父亲为党员的比例（%）	2.62	7.87	$T=2.022$（0.0201）**
父亲收入的均值（元）	3126	4167	$T=-2.3027$（0.0219）**

说明：显著性检验采用 T 统计量进行均值对比，括号内为对应的 P 值，** 代表在 5% 水平上显著。

7.2.2　代际收入流动性的影响因素考察

为考察不同变量对贫困代际收入流动性的影响，可根据（7.3）式，依次分别估计加入人力资本、生产资本、财富资本、社会资本、文化资本后的代际收入弹性变化率。若加入某个变量后，代际收入弹性的估计值较未加入该变量有所降低，则说明该变量是促进代际收入流动的因素。相关估计结果如表7.5所示。

　　人力资本是影响个体收入的重要因素，贝克尔和托姆斯（Becker & Tomes，1986）关于代际收入流动性的开创性模型分析就是基于人力资本理论。控制子代受教育年限后的代际收入弹性值为0.235，较不控制任何个体特征的估计值（0.255）低7.8%，说明人力资本有助于促进代际收入流动。因为农户生产能力和非农就业机会的大小，在一定程度上通过人力资本的投资水平来传递（邢春冰，2006）。所以，人力资本显著地影响着贫困代际收入流动性的大小，被认为是摆脱代际贫困的重要途径。

表7.5 　　　　　　　　　　　不同模型设定下的贫困代际收入弹性

自变量	因变量：子代收入的对数				
父亲收入的对数	0.235 (4.38)***	0.261 (4.94)***	0.251 (4.74)***	0.245 (4.68)***	0.263 (4.67)***
人力资本	0.023 (2.02)**				
生产资本		−0.001 (−1.75)*			
财富资本			0.0002 (0.57)		
社会资本				0.0679 (2.61)***	
文化资本					−0.0187 (−0.42)
年龄及常数项	控制	控制	控制	控制	控制
IGE 的变化率	−7.8%	2.35%	−1.57%	−3.92%	3.13%
Adj − R²	0.159	0.148	0.144	0.142	0.14
样本数	186	186	186	186	186

　　说明：①为节约篇幅，未列出年龄及其平方项、常数项的估计值，结果备索；②括号内为 T 值；③ * 、** 、*** 分别代表在10%、5%、1%水平上显著；④IGE 的变化率是指，控制了不同变量后的代际收入弹性，与未控制任何变量的代际收入弹性变化率。

　　土地作为农村家庭最主要的生产资料，其人均占有量的高低决定着农户生产资本的多少，与农户收入水平相关。加入该变量后的代际收入弹性变化为 0.261，较未控制任何变量时上升了 2.35%。说明人均耕地面积越多的贫困户反而面临着更低的代际收入流动性，即土地未能有效阻止贫困的代际传递。可能的原因在于：在农村劳动力乡城迁移的背景下，掌握一定技能或渠道的劳动力纷纷到城镇寻求就业机会，而将其占有土地出租；而对于那些无法参与非农经济的贫困户而言，只能依靠土地获得相对低的收益，即使增加土地耕种面积其边际收益也难以赶超非农收入。传统农业的低收入以及土地的非流动性等制度约束，更使得原本作为"安家之本"的土地，在农村对子代的收入反而有了负面影响（陈琳、袁志刚，2012）。

　　住房是典型的财富资本代理指标，其市场价值体现了家庭财富水平。引入住房价值作为控制变量后，代际收入弹性值下降了 1.56%，说明财富资本有助于促进代际收入流动性、防止贫困代际传递。但该变量的估计系数并不显著，说明上述效应尚未在本书的样本中得到统计验证。由于制度性约束造成农村土地的不可流转，建立在土地之上的住房也就无法像城镇房产一样进行变现。特别是对贫困群体而言，房产的不可抵押使其更难以通过资产交易来获取发展所需的资本，这会在很大程度上限制财富资本促进代际收入流动的功能。

　　社会资本作为一种非市场力量，其有助于人们获取收入机会、提高收入水平和改变自身收入地位。它本质上是一种支持性的网络关系，可以为贫困群体提供保障或降低生产成本。在控制社会资本变量后的代际收入弹性估计值为 0.245 且显著为正，较不控制该变量时降低了 3.92%，表明社会资本积累有助于形成更高的代际收入流动性。一是由于社会资本对农户收入有较大影响，研究发现社会资本解释了收入差距的 12.1% ~ 13.4%（赵剑治、陆铭，2009）；二是从社会资本回报率的角度看，低收入农户社会资本的拥有量和回报率低于高收入农户（周晔馨，2012）；三是在物质资本和人力资本都比较贫瘠的农村贫困地区，社会资本在一定程度上发挥了"穷人资本"的功能，其对贫困起着明显的缓解作用（叶初升、罗连发，2011）。由此，社会资本有助于提高贫困农户的收入，并进而避免贫困代际传递。

文化资本也被认为是贫困代际传递的路径之一。一是父母的贫穷可能导致子女不良行为的产生；二是父母的贫穷会增大生活压力、进而限制其教育和社会机会；三是父母贫困还可能导致子女价值观的偏差（胡永远，2011）。从代际收入弹性看，加入文化资本后的估计值（0.263）上升了3.13%，说明文化资本未能促进贫困群体的代际收入流动。但该变量的估计系数并不显著，可能的原因在于采用家庭图书数量作为文化资本的代理指标，其并不能涵盖影响文化资本的其他因素，如家庭稳定性、社区环境、种族等。这种效应还有待采用更为丰富的数据进行检验。

总的来说，人力资本和社会资本有助于促进代际收入流动，其中人力资本的影响程度最大；以住房价值表征的财富资本虽也体现出促进代际收入流动，但尚未在统计上得到足够支撑。而以土地表征的生产资本反而引致了代际收入流动性的降低，成为导致贫困代际传递的因素。诚然，上述变量的代理指标都是基于CGSS数据样本进行选取，其结果也只是反映出基于样本的推断。而稳健结果的估计还需要更丰富的样本支撑，本书的结果可视作特定样本下的一个分析案例。

7.2.3 贫困代际传递渠道的贡献度分析

接下来，可依据（7.4）式和（7.5）式的估计结果，结合（7.6）式和（7.7）式来计算不同渠道对贫困代际传递的贡献程度。为更加明晰贫困代际传递的机制，同时就贫困、非贫困、总体这三类样本进行了估计。

首先来看贫困群体的代际收入传递渠道贡献度。

表7.6的结果表明，以受教育年限表征的人力资本，对贫困代际收入流动的解释力最高（12.25%），说明人力资本是决定贫困群体代际收入流动的最重要因素，这与既有的关于中国农村代际收入流动性的研究结论基本一致。工业化和城镇化驱动下，劳动力的乡城迁移成为贫困人口脱贫的最主要动因。一方面，教育在可识别的代际收入传递路径中贡献最大，迁移进一步强化了

这一影响（孙三百等，2012）；另一方面，城镇的教育收益率总是高于农村，且这一差距在 2000 年后逐渐增大（梁润，2011），使得教育在代际收入流动中的作用日益明显。所以，贫困人口教育的缺失很可能引致其缺乏代际收入流动，落入贫困陷阱。

表 7.6 贫困代际传递渠道的贡献度

		人力资本	生产资本	财富资本	社会资本	文化资本	累计
贫困	投资系数 λ	0.897 (2.8) **	83.84 (2.01) *	7.311 (0.85)	0.088 * (2.25)	0.389 (3.94) ***	—
	子代回报率 θ	0.031 (2.68) **	−0.0001 (−0.4)	0.001 (0.95)	0.030 (0.24)	0.025 (0.48)	—
	贡献度（%）	12.25	−3.75	1.63	1.21	4.11	15.45
非贫困	投资系数 λ	0.365 (2.78) **	0.743 (1.27)	0.422 (1.93) *	0.099 (2.63) **	0.158 (2.12) *	—
	子代回报率 θ	0.034 (2.61) **	0.0016 (0.33)	0.012 (2.38) **	0.246 (4.32) ***	0.038 (1.2)	—
	贡献度（%）	5.54	0.53	2.32	10.89	2.68	21.98
总体	投资系数 λ	0.736 (3.75) ***	29.68 (1.98) *	2.463 (0.76)	0.068 (2.85) **	0.284 (3.94) ***	—
	子代回报率 θ	0.063 (4.09) ***	−0.001 (−1.04)	0.0001 (0.08)	0.411 (5.21) ***	0.0596 (1.46)	—
	贡献度（%）	20.83	−1.32	0.11	12.58	7.58	39.78

说明：①括号内为 T 值；②*、**、*** 分别代表在 10%、5%、1% 水平上显著；③为节约篇幅，在此仅给出了关键系数的估计值，省略了（9）式和（10）式的完整估计结果，相关原始资料备索。

生产资本对代际收入流动的贡献为负，源于生产资本与个体收入的回归系数为负。说明由于农村土地的非流转性和农业边际产出偏低，土地的多少不再简单地与收入成正比，限制了土地对农户收入增长的贡献。财富资本和人力资本的贡献率为正但总体较低，说明二者虽对贫困代际传递的影响效应不大。最后，文化资本的贡献率（4.11%）仅次于人力资本，意味着文化贫困与经济贫困的消除，共同构成了从物质和精神两个维度消除贫困的主要抓手。所以，以文化知识、思想观念、行为规范为表征的社会文化建设，成为消除文化贫困的重要内容。

进一步，可对比分析非贫困群体和样本总体的代际收入流动贡献度，来明晰促进贫困群体代际收入流动的改进方向。

就非贫困群体而言，人力资本不再是引致代际收入流动的最主要因素，而社会资本的贡献度最高（10.89%）。因为非贫困群体大多接受了初中及以上教育，且受教育水平的离散程度相对较低①。此时人力资本生产效率的发挥，在一定程度上倚重于个体社会资本的多寡。一方面，以"传、帮、带"为特征的农村劳务输出方式在现实中非常普遍，在农村剩余劳动力大量参与城镇化进程和农村劳务经济快速增长的今天，社会网络构成对农民工职业阶层的提升和收入的提高有正向影响（李树苗，2007）。另一方面，父代为使子女获取社会资本优势，会利用其收入优势帮助子代获取和传承社会资源，进而形成社会资本的代际传递。这两个方面都影响着个体收入能力、收入水平乃至代际收入流动性。而正是这种基于社会网络而构建的社会资本，恰好是贫困群体所缺乏的。另外，人力资本对代际收入流动的贡献度仍然较大，体现出人力资本渠道的重要性。财富资本和文化资本也对代际收入流动有正向贡献，但程度较轻。

最后，就样本整体来看，人力资本对代际收入流动性的贡献度最大，其次依次为社会资本和文化资本。说明人力资本总体上仍是农村居民实现代际收入流动的主要渠道；并且在"关系型"社会中，社会资本正扮演着不可忽视的作用。值得注意的是，无论是何种类型的样本，生产资本和财富资本对代际收入流动的贡献度都很低，甚至有估计系数为负（阻碍代际收入流动的因素）。原因仍在于农业生产效率较低引致土地边际产出不高，导致土地在促进农民增收中的作用有限；而农村土地和房屋资产的不可流转，也使得这类财富难以发挥其信贷功能和生产功能，影响到农民的增收能力。

上述经验分析表明，人力资本是决定农村居民代际收入流动的最主要因

---

① 样本统计数据表明，贫困群体的受教育年限标准差为3.44，而非贫困群体的受教育年限标准差为3.02，说明非贫困群体的受教育程度分布相对均衡。

素，其对贫困群体避免"贫困陷阱"更为重要。贫困群体与非贫困群体之间的差别，主要在于后者的社会资本对代际收入流动有着更高的贡献率，这正是贫困群体代际相对更加缺乏代际收入流动的关键原因。而受限于农村生产资料和资产不可流转，当前生产资本和财富资本对代际收入流动的影响都比较有限。

7.3　本章小结

代际收入流动性反映出机会公平的特征，对缓解贫困代际传递具有重要意义。利用中国综合社会调查（CGSS）数据测度了代际收入流动性并比较了不同因素对代际收入流动性的影响，并考察了不同因素对代际收入流动性的贡献率，以明晰贫困代际传递的机制。研究发现：①就贫困的代际收入流动性而言，贫困群体的代际收入弹性为非贫困群体的 1.6 倍，且父代贫困引致子代贫困的概率达 60%，体现出明显的贫困代际传递特性。②就不同因素的影响效果而言，人力资本和社会资本都有助于促进代际收入流动，但人力资本发挥着更大的影响力。财富资本和文化资本促进代际收入流动的效应尚不显著。生产资本反而表现为阻碍代际收入流动；作为农户收入之源的土地，对农村子代收入反而有了负面影响，成为引致贫困代际传递的因素。③就不同因素的贡献度而言，人力资本是对农村居民代际收入流动的最主要因素，更是影响贫困群体代际收入流动的首要因素，表明教育在反贫困中的具有重要作用。与贫困群体相比，非贫困群体的社会资本对代际收入流动有着更高的贡献率，而正是这种基于社会网络而构建的社会资本，恰好是贫困群体所缺乏的，成为引致贫困代际传递的关键原因。

研究结论具有明显的政策含义，应通过提升贫困的代际收入流动性，来消除贫困的恶性循环。一是要加强对贫困群体的教育扶持，使贫困群体的子代能获得改变自身地位的能力和机会，以阻断能力缺失的代际传递。这既包括贫困人口受教育机会的保障，又包括其受教育质量的提升。二是促进贫困群体的社会资本积累，通过农村基层组织建设、政府牵线扶持、社会项目救助等方式，来拓宽贫困人口参与经济发展的渠道，提升其自我发展的意识，强化社会网络的信用和纽带功能，最终使贫困人口建立起自我发展能力以切断贫困代际传递的链条。三是加大对贫困农户的农业生产投入倾斜，以此来提高其农业生产能力，以及减缓外界不确定性波动对农户受益水平的冲击。最后，还应注重文化贫困的消除，使贫困群体的文化环境能与经济、社会的发展相跟进，更有助于教育扶贫、救济扶贫、生产扶贫等政策效果的发挥。

就后续研究而言，随着更长时间跨度的追踪调查数据出现，无论是对父代、子代终身收入的估算，还是在此基础上的代际收入弹性估计，都能得出更为稳健的结论。并且，在数据日渐丰富的基础上，研究方法的改进（如更合适的工具变量、代理指标等）也有助于提高模型的估计精度，都是可进一步深化的方向。

第8章　主要结论及政策建议

8.1 主要结论

综合上述对贫富分化的测度与分解，及其对作用机制的探讨，不难得出以下主要结论：

（1）反映贫富分化程度的极化指数，在 2003~2008 年间呈现出两端高、中间低的 U 型特征，总体仍保持在较高水平，说明中等收入者比重较低、两极分化明显。教育、住房等表征人力资本、物质资本的变量对贫富分化的形成有显著影响；父辈对子女的影响渠道中，只有教育被证明是相对有效的。

（2）1989~2011 年间，（代内）收入流动性，无论城镇或农村都经历了先上升后下降的过程，转折发生在 2000 年前后；总的来说，过去 20 年收入流动性降低了，特别是近年来收入流动性的快速降低值得关注。其次，收入流动的分解结果表明，无论城市还是农村，低收入阶层的收入流动性对整体流动性的贡献最大。这一方面表明，低收入阶层收入基数偏低且面临着较大的收入不确定性；另一方面也表明在收入分配差距较大的情况下，即使是收入向上流动也大都在中低收入阶层内变动，对大部分群体而言存在着"天花板"限制，进而造成收入格局的两极分化。在收入分配差距较大的背景下，收入流动性降低以及阶层固化，将导致财富进一步向高收入群体积聚，进而又导致收入流动性下降，这又会进一步加深收入分层、扩大收入分配差距。若不加以改善，将形成"贫者越贫、富者越富"的马太效应。

（3）代际收入流动性反映出机会公平的特征，对缓解贫困代际传递具有重要意义。首先，就贫困的代际收入流动性而言，贫困群体的代际收入弹性为非贫困群体的 1.6 倍，且父代贫困引致子代贫困的概率达 60%，体现出明显的贫困代际传递特性。其次，就不同因素的影响效果而言，人力资本和社会资本都有助于促进代际收入流动，但人力资本发挥着更大的影响力，表明教育在反贫困中具有重要作用。财富资本和文化资本促进代际收入流动的效应尚不显著。生产资本反而表现为阻碍代际收入流动；作为农户收入之源的土地，对农村子代收入反而有了负面影响，成为引致贫困代际传递的因素。与贫困群体相比，非贫困群体的社会资本对代际收入流动有着更高的贡献率，而正是这种基于社会网络而构建的社会资本，恰好是贫困群体所缺乏的，成为引致贫困代际传递的关键原因。

（4）收入流动的社会福利效应回答了收入流动是"亲贫"还是"亲富"，2000~2009 年间的福利水平要高于 1991~2000 年，原因在于 2000~2009 年期间对应着更低的初始收入不平等程度和更高的收入流动质量。这说明，尽管收入流动性有所降低，但仍然对穷人的福利有所改善。

8.2 思考及政策建议

根据上述分析，应通过提高中等收入者比重，来缓解贫富分化。然而，要提高中等收入者比重，是一系列改革措施合并发力的结果，统筹于收入分配改革的大旗，较为系统和复杂。结合本研究的主要结论，相关的思考及政策建议主要集中在以下几个方面：

（1）机会公平及公共福利政策导向。

收入流动性的大小反映出机会公平的特性，如果一个社会中收入分配差距较大但同时收入流动性也较高，那么其能在一定程度平抑收入分配差距的负面效应。然而，从上述分析的结果来看，无论是代内还是代际间的收入流动性，近年都呈现出下降趋势，反映出居民改变自身收入状态的能力有所降低；从收入结构来看，其原因在于收入阶层的固化。那么，该如何打破收入阶层的固化呢？换句话说，如何促进合理的收入流动呢？这需要通过全面的改革措施来消除阻碍机会平等的各种障碍。

由于本研究主要考察的是居民收入流动性，因而对居民而言①，机会公平更多地体现在相关公共服务的权利公平上。由于个体收入是其能力和资源

---

① 当然，还有另一些层面的机会公平，例如就企业层面而言，机会公平还体现在市场参与的公平，能否破除体制性垄断而参与市场竞争。

禀赋差异的结果，因此需要保障社会成员在教育、医疗、就业等方面的权利，形成公平有序的市场格局。特别是对低收入群体而言，要想摆脱"贫困的代际传递"，就必须给予其基本的竞争能力和开放的竞争条件。

一方面，政府要加强对基础教育的投资和保障，使得社会成员都能获取最基本的教育水平，具备参与现代经济活动的基本能力；另一方面，加大对医疗（特别是重大疾病）的保障支持力度，以尽可能降低"因病致贫、因病返贫"现象的产生。机会公平是促进合理收入流动和缩小收入分配差距的基础，在收入分配差距已经形成的背景下，也不得不承认个体初始资源禀赋差异在日益加大，仅仅依靠上述谈及的机会公平也许并不能从根本上起到遏制贫富分化的作用。但是，如果脱离机会公平，收入阶层也只会更加固化，收入流动性也会降低，收入分配差距也难以有效缩减。所以说，保证机会公平仍然是促进合理收入流动的基础，也是缓解贫富分化及阶层固化的重要前提。

（2）条件公平及再分配政策导向。

上述谈及了机会公平及其政策导向，主要是通过政府保障公民的基本社会福利权利来实现。但正如皮凯蒂以及更早的美国著名经济史学家福格尔等人发现的那样：机会平等能够发挥平抑贫富分化作用的时代，仅仅在农业社会或以手工业为主的资本主义发展初期；而当历史进入现代资本主义，机会平等原则难以适用；因为此时，物质积累对于个人财富的决定性作用越来越大，"如果不接受企业的工资水平，那么农民或者再也不能够轻易地通过逃往农村来回避悲惨的现实了"①。因此，托马斯·皮凯蒂提出了要实现"条件公平"，其关注重点在于再分配政策。

结合本研究的结论看，代内收入流动性的降低，以及代际间收入传递程度的增加，使得财富更加分化。若要实施再分配政策，最简单也最直观的实施办法就是通过个人所得税、房地产税、遗产税，把原本集聚于富人的财富重新分配给社会大众。税收其本身就具备调节收入分配功能，难点在于如何设计平衡"效益"与"公平"的最优税率。就实际操作而言，单纯地对富人征税并非最适宜的方式，其难免会造成资本逃离，从而根本上影响经济增长

---

① ［法］托马斯·皮凯蒂. 21 世纪资本论 ［M］. 巴曙松，等译. 中信出版社，2014.

资本注入，在形成经济波动的同时，也会限制居民的收入增长。但无论如何，税收依然是世界各国用以调控收入分配差距的重要手段。尽管是否应加大高收入群体的税负尚无定论①，但对我国相关税种的收入分配效应，仍应给予重点关注。这就包括个人所得税、财产税等税种。

就我国的实际来看，个人所得税已开征多年，但其对收入分配的调节效应却引发了一些争论，争论的焦点在于个税政策是否起到了再分配作用。徐建炜、马光荣、李实（2013）利用 CHIPS 数据的实证分析表明：1997～2005年，个税的收入分配效应仍在增强；2006～2011年，恶化了个税的收入分配效应；我国个税累进性较高，但平均税率偏低，导致个税政策调节收入分配的作用有限。因此，一方面应该提高政府的税收征缴能力，严防高收入群体的偷税漏税行为②；但是，我国地域广阔，不同地区之间发展差异较大，不同地区之间获取收入信息的能力不一，也就导致了难以全面掌握居民的收入状况。如果考虑到收入会在家庭成员内部进行转移，那么个税征缴的情况就会更为复杂，以家庭为单位综合计征对收入信息的获取提出了更高的要求。另一方面，适当调节个税税率，使得高收入阶层承担更多的税负。当然，个税改革并非一蹴而就，涉及层面较多，要尽可能地发挥个税的再分配作用，要寻找一个税负的平衡点。

就房地产税而言，我国目前正在进行相关立法，但总体导向是对持有多套房产进行征税（主要是房产税），这一方面是出于房地产市场调节的需要，另一方面也是调节财富再分配的工具。由于房地产税的新法案尚未在全国进行推广实施，故只能从理论上进行一些探讨。从美国、日本、韩国、法国、英国等国家的房产税的税制结构和实施情况看，各国都赋予房产税调节收入分配的职能，有以下几个共同特点：一是对低收入群体实行低税率或减免税，或者以每年直接抵扣一部分个人所得税，从而保证不增加低收入群体的税收负担，甚至是对低收入群体实行免税；二是对为低收入群体建造并出租自有

---

① 当然，这也并非是本研究关注的重点，本研究也未就此进行专门的探讨。只是从政策建议而言，应该对此领域进行关注。

② 富人的逃税动机更大，这是显而易见的。

住房，实行税收抵扣，主要用于抵扣其所得税。由此不难发现，许多国家在制定房产税政策时都考虑到了对中低收入群体的税收减免，并利用房产税征税收入来补贴中低收入群体的购房或租房支出，起到了转移支付的作用。不仅如此，房产税收入还是各国地方政府提供公共服务的重要资金来源，以此提升当地在教育、医疗、就业等方面的公共服务水平，这有助于减轻居民负担、提高居民收入能力和减少贫困。尽管房产税不是这些国家调节收入分配政策的全部，但都发挥了重要的收入分配调节功能。

而对于遗产税，我国是否开征该项税种仍不明朗，但从国外的实践情况来看，遗产税是调节跨代财富继承差异的一个非常重要的手段。但从实施难度来看，遗产税的征收不仅仅是一个财税问题，而且关系到全体国民的认同以及社会稳定。人具有趋利避害的属性，遗产税一旦开征，民众就会通过各种方式避免或减少缴纳遗产税（徐卫，2013）。对于是否开征遗产税，学界的争论较大，争论的焦点集中在遗产税开征是否会阻碍民营经济发展、造成资金外流，以及当前我国的税收征管水平和配套条件是否适应开征遗产税的需要（刘荣、刘植才，2013）。

从调节收入分配差距和促进条件公平的角度而言，税收无疑是抑制贫富差距的重要手段。无论是调节初次分配中的劳动收入占比，抑或是再分配中的转移支付功能，都有着重要的作用。所以，促进税收发挥更大的收入分配功能，应是我国税收体制改革的方向。重点加强对高收入阶层的税收征管，同时促进其向低收入群体进行转移支付，以降低低收入群体的负担并促进其可持续发展能力的提升。最后，必须要强调的是，税收的征缴是一个较为复杂的系统和多方博弈的过程，既要注重对社会公平和稳定的再分配功能，又要体现效率激励。但无论如何，以税收为核心的再分配政策，无疑是使得居民"实现条件平等"的重要手段，使个体后天努力在收入分配中的作用更大。

（3）新型城镇化及缩小城乡收入差距。

从收入流动的分解结果来看，低收入阶层难以向高收入阶层跨越的障碍，主要在于横亘于其间的城乡收入差距。我国的城乡收入差距是长期以来城乡二元经济体制的结果，其突出表现就是农村居民收入水平严重低于城镇居民，从而形成城乡收入差距。以往以偏重大中城市为主要特征的城镇化模式，扩大了城乡收入差距，既与城镇化的初衷相悖，也不符合收入分配公平的导向（李尚蒲、罗必良，2012）。因此，有必要改变现行大中城市偏向的城市化模式，推进新型城镇化战略的实施。

一是要在新型城镇化进程中合理布局中小城市，以"产城融合、产村融合"为载体，在尊重农民意愿的基础上引导农民有序进城，将农民从传统农业中剥离出来。由于我国农村总体上人多地少，人均产出自然较低，在土地总产出保持稳速增长的情形下，转移农村剩余劳动力就成为必然途径。当然，新型城镇化是以人为本的城镇化，并非简单地人口乡城迁移，而是要在其间解决城市新增人口的就业、公共服务问题。这也就要求进一步加快户籍制度改革，以解决流动人口"工作生活在城市、福利保障在农村"的分离问题，当前，就是要重点解决在城镇就业和居住 5 年以上和举家迁徙的农业转移人口落户问题。同时，还需要通过创新人口管理，建立城乡统一的户口登记制度；不同地区应该根据各自的发展承载力，适度调整户口迁移政策、优化居住证制度、完善积分落户和人才引进制度。

二是在新型城镇化的进程中，做好义务教育、就业服务、基本养老、基本医疗卫生、计划生育、住房保障等基本公共服务的人口全覆盖，并逐步提高保障水平。由于教育资源（特别是优质教育资源）在城乡间、地区间乃至社区间的分布不均，使得具备收入优势的群体往往通过"用脚投票"来获取优质资源，进而在一定程度上对低收入群体的教育获得形成挤出。而教育具有生产和配置功能，已被证明是低收入代际传递的重要渠道，也是居民提升自身发展能力的重要手段，所以首要保证义务教育阶段公立学校的投入公平和入学公平，同时缩小校际差距。另一方面，近年来"因病致贫、因病返贫"现象的产生，折射出健康风险冲击对居民福利水平的影响；为此，应结合医疗卫生体制改革，进一步加大居民重大疾病保险的覆盖面和提高医疗保障水平，在整体上降低居民的健康风险。不仅如此，针对目前较高的房价对居民消费形成挤出，应充分发挥房产税、所得税等税种的转移支付功能，加大公租房的建设力度，保障低收入群体和新迁入城市群体的居住条件。

三是继续加大农村经济改革力度，释放改革红利。一方面要充分结合当前的农村经济体制改革，积极盘活农村土地资源，在不影响农业基本生产的前提下，使土地成为促进农民增收的生产要素。另一方面要深入贯彻绿色化的发展理念，大力发展农村经济，除传统的种养殖业外，要注重近年来具有较大收入拉动力的乡村旅游、生态农业。通过加大在此领域的投资和扶持，有助于城市经济溢出效应的扩散，形成城乡联动的发展模式，推动农民增收。

（4）市场公平及行业收入差距。

由于行业数据资料的缺乏，本研究的分解中还未能实现收入流动的行业属性分析；但从已有的统计资料和近期研究来看，收入差距的扩大引起了人们的广泛关注，其正成为城市中收入差距形成的重要原因，在整体上会拉升收入分配差距。那么，行业收入差距从何而生呢？经济体制改革不彻底导致的垄断与部分垄断是形成行业收入差距的主要因素，其贡献率合计占行业差距的65%左右（任重、周云波，2009）；当垄断行业的收入落入较为合理的区间时，我国的行业收入差距将会下降20%左右，即垄断行业的过高收入水平导致我国行业收入差距上升了25%左右（武鹏，2011）。从微观层面上看，人力资本、制度因素和地区差异对行业收入差距的贡献率依次排在前三位（孙敬水、于思源，2014）。因此，缩小行业收入差距就必须要形成公平合理的市场秩序，破除垄断。

如果行业的高利润是市场竞争、创新的结果，那显然无可厚非，其是劳动生产率差异的体现；然而，许多高额行业利润往往是垄断带来的。在我国，电力、燃气及水的生产与供应行业、通信行业以及金融保险业等行业长期处于垄断地位，相关的体制改革缓慢甚至停滞，垄断对行业收入差距的贡献显而易见。因此，有必要提升上述行业的对外开放度，引入民间资本参与竞争，并给予民间资本同等的"国民待遇"。如果政府干预过多，容易造成资源行业和一些自然垄断行业同其他竞争行业之间产生巨大收入差距：如垄断性企业员工特别是高管收入偏高乃至畸高；再如一些人和群体依靠权力资源得到优先发展、优先致富甚至一夜暴富的机会，而被权力边缘化的群体，很难得到发展机会。同时，也要打击那些涉嫌从事滥用市场支配地位行为的企业，以维护公平的市场秩序。不仅如此，对于垄断行业的准入门槛，应进行适当地降低以吸引新资本的注入。

参考文献

［1］陈宗胜，宗振利. 二元经济条件下中国劳动收入占比影响因素研究——基于中国省际面板数据的实证分析［J］. 财经研究，2014（2）：41－53.

［2］陈斌开，林毅夫. 发展战略、城市化与中国城乡收入差距［J］. 中国社会科学，2013（4）：81－102.

［3］陈琳，袁志刚. 中国代际收入流动性的趋势与内在传递机制［J］. 世界经济，2012（6）.

［4］程小纯，龙莹. 中国家庭收入流动性与收入不平等的实证研究［J］. 财经问题研究，2014（9）：79－85.

［5］程艳，高君杰. 工业集聚、市场潜力与地区收入差距——基于全国省际面板数据的分析［J］. 浙江社会科学，2014（12）：44－54.

［6］邸玉娜. 代际流动、教育收益与机会平等——基于微观调查数据的研究［J］. 经济科学，2014（1）：65－74.

［7］方鸣，应瑞瑶. 中国城乡居民的代际收入流动及分解［J］. 中国人口·资源与环境，2010（5）.

［8］［法］托马斯·皮凯蒂. 21世纪资本论［M］. 巴曙松，等译. 中信出版社，2014.

［9］高连水. 什么因素在多大程度上影响了居民地区收入差距水

平? ——基于 1987～2005 年省际面板数据的分析 [J]. 数量经济技术经济研究，2011（1）：130 - 139.

[10] 葛玉好，李莹，杜慧超. 中国城镇地区行业收入差距的测度及成因分析 [J]. 劳动经济研究，2014（4）：85 - 101.

[11] 甘犁，尹志超，贾男，徐舒，马双. 中国家庭资产状况及住房需求分析 [J]. 金融研究，2013（4）：1 - 14.

[12] 胡洪曙，亓寿伟. 中国居民家庭收入分配的收入代际流动性 [J]. 中南财经政法大学学报，2014（2）：20 - 29.

[13] 韩军辉. 中国农村地区代际收入流动的多水平统计模型分析 [J]. 统计与信息论坛，2009（8）：17 - 21.

[14] 何石军，黄桂田. 中国社会的代际收入流动性趋势：2000～2009 [J]. 金融研究，2013（2）：19 - 31.

[15] 何石军，黄桂田. 代际网络、父辈权力与子女收入——基于中国家庭动态跟踪调查数据的分析 [J]. 经济科学，2013b（4）：65 - 78.

[16] 胡永远. 代际收入传递性研究评述 [J]. 经济学动态，2011（2）.

[17] 韩军辉. 基于面板数据的代际收入流动研究 [J]. 中南财经政法大学学报，2010（4）.

[18] 纪宏，刘扬. 我国中等收入者比重及其影响因素的测度研究 [J]. 数理统计与管理，2013（9）：874 - 882.

[19] 李培林. 关于扩大中等收入者比重的若干思考 [J]. 红旗文稿，2007（18）：14 - 15.

[20] 李培林，朱迪. 努力形成橄榄型分配格局——基于 2006 - 2013 年中国社会状况调查数据的分析 [J]. 中国社会科学，2015（1）：45 - 65.

[21] 李小胜. 中国城乡居民代际收入流动分析 [J]. 统计与信息论坛，2011（9）：48 - 54.

[22] 李尚蒲，罗必良. 城乡收入差距与城市化战略选择 [J]. 农业经济问题，2012（8）：37 - 42.

［23］李伟，王少国．收入增长和收入分配对中等收入者比重变化的影响［J］．统计研究，2014（3）：76 - 82.

［24］罗长远，张军．经济发展中的劳动收入占比：基于中国产业数据的实证研究［J］．中国社会科学，2009a（4）：65 - 79.

［25］罗长远，张军．劳动收入占比下降的经济学解释——基于中国省级面板数据的分析［J］．管理世界，2009b（5）：25 - 35.

［26］罗长远，丁纯．欧洲国家劳动收入占比下降的成因及对中国的启示［J］．欧洲研究，2012（3）：84 - 101.

［27］罗锋，黄丽．我国农村家庭收入流动的影响因素分析：1989～2009［J］．农业技术经济，2013（12）：72 - 81.

［28］林闽钢，张瑞丽．农村贫困家庭代际传递研究——基于 CHNS 数据的分析［J］．农业技术经济，2012（1）.

［29］梁润．中国城乡教育收益率差异与收入差距［J］．当代经济科学，2011（6）.

［30］李树茁，杨绪松，任义科．农民工的社会网络与职业阶层和流动：来自深圳调查的发现［J］．当代经济科学，2007（1）.

［31］龙莹．中国中等收入群体规模动态变迁与收入两极分化：统计描述与测算［J］．财贸经济，2012（2）：92 - 99.

［32］刘荣，刘植才．开征遗产税——我国经济社会发展的历史选择［J］．税务研究，2013（3）：34 - 39.

［33］欧阳志刚．中国城乡经济一体化的推进是否阻滞了城乡收入差距的扩大［J］．世界经济，2014（2）：116 - 135.

［34］任重，周云波．垄断对我国行业收入差距的影响到底有多大？［J］．经济理论与经济管理，2009（4）：26 - 30.

［35］苏海南．努力扩大我国的中等收入者比重［J］．宏观经济研究，2003（4）：12 - 14.

［36］孙三百，黄薇，洪俊杰．劳动力自由迁移为何如此重要？——基于代际收入流动的视角［J］．经济研究，2012（5）.

[37] 孙敬水，于思源. 行业收入差距影响因素及其贡献率研究——基于全国 19 个行业 4085 份问卷调查数据分析 [J]. 山西财经大学学报，2014 (2)：16 - 26.

[38] 汪燕敏，金静. 中国劳动力市场代际收入流动研究 [J]. 经济经纬，2013 (3)：96 - 100.

[39] 王朝明，李梦凡. 极化效应下我国中等收入者群体的发展问题 [J]. 数量经济技术经济研究，2013 (6)：51 - 64.

[40] 王晓. 我国城镇居民收入流动对长期收入不平等影响研究 [J]. 中央财经大学学报，2013 (12)：53 - 58.

[41] 王敬勇. 行业收入差距的原因：垄断与人力资本孰是孰非？还是兼而有之？[J]. 当代经济科学，2013 (3)：9 - 14.

[42] 王海港. 中国居民家庭的收入变动及其对长期不平等的影响 [J]. 经济研究，2005 (1)：56 - 65.

[43] 王芳，周兴. 中国地区间居民收入差距变动的分解与分析 [J]. 当代财经，2010 (5)：18 - 25.

[44] 王洪亮，刘志彪，孙文华，胡棋智. 中国居民获取收入的机会是否公平：基于收入流动性的微观计量 [J]. 世界经济，2012 (1)：114 - 143.

[45] 王朝明，胡棋智. 中国收入流动性实证研究——基于多种指标测度 [J]. 管理世界，2008 (10)：30 - 40.

[46] 武鹏. 行业垄断对中国行业收入差距的影响 [J]. 中国工业经济，2011 (10)：76 - 86.

[47] 邢春冰. 中国农村非农就业机会的代际流动 [J]. 经济研究，2006 (9).

[48] 徐建炜，马光荣，李实. 个人所得税改善中国收入分配了吗——基于对 1997 - 2011 年微观数据的动态评估 [J]. 中国社会科学，2013 (6)：53 - 71.

[49] 徐卫. 规避遗产税的信托行为：否定抑或宽容——写在未来遗产税开征之前 [J]. 上海财经大学学报，2013 (2)：40 - 47.

[50] 叶初升，罗连发．社会资本、扶贫政策与贫困家庭福利——基于贵州贫困地区农村家户调查的分层线性回归分析 [J]．财经科学，2011，(7)．

[51] 姚先国，赵丽秋．中国代际收入流动与传递路径研究：1989～2000 [C]．第六届中国经济学年会入选论文，2006.

[52] 尹恒，李实，邓曲恒．中国城镇个人收入流动性研究 [J]．经济研究，2006 (10)：30－43.

[53] 周兴，王芳．城乡居民家庭代际收入流动的比较研究 [J]．人口学刊，2014 (2)：64－73.

[54] 周兴，张鹏．代际间的职业流动与收入流动——来自中国城乡家庭的经验研究 [J]．经济学 (季刊)，2014，14 (1)：351－372.

[55] 张奎，王祖祥．收入不平等与两极分化的估算与控制——以上海城镇为例 [J]．统计研究，2009 (8)：77－80.

[56] 周云波，高连水，武鹏．我国地区收入差距的演变及影响因素分析：1985～2005 [J]．中央财经大学学报，2010 (5)：38－43.

[57] 庄健．基尼系数和中等收入群体比重的关联性分析 [J]．数量经济技术经济研究，2007 (4)：145－152.

[58] 周晔馨．社会资本是穷人的资本吗？——基于中国农户收入的经验证据 [J]．管理世界，2012 (7)．

[59] 赵剑治，陆铭．关系对农村收入差距的贡献及其地区差异：一项基于回归的分解分析 [J]．经济学 (季刊)，2009 (9)．

[60] 祝伟，汪晓文．我国省际间农村居民收入差距的实证研究——基于收入结构的视角 [J]．江西财经大学学报，2010 (1)：82－87.

[61] 张立东．中国农村居民收入流动性的多维透视：1989～2009 [J]．农业技术经济，2011，(8)：58－64.

[62] 张立东．中国农村贫困居民收入流动性分析 [J]．中央财经大学学报，2012 (12)：71－75.

[63] Atkinson A, Burguignon F, Morrision C. Empirical Studies of Earnings

Mobility [M]. Routledge, 1992.

[64] Aristei D, Perugini C. The drivers of income mobility in Europe [R]. Economic Systems, 2015, http: //dx. doi. org/10. 1016/j. ecosys. 2014. 06. 007.

[65] Allanson P F. On the characterization and economic evaluation of income mobility as a process of distributional change [J]. Journal of economic inequality, 2012, 10 (4): 505 – 528.

[66] Auten G, Gee G. Income Mobility in the United States: New Evidence from Income Tax Data [J]. National Tax Journal, 2009, Vol (LXIl), No (2): 301 – 327, June 2009.

[67] Burguignon F. Non-anonymous growth incidence curves, income mobility and social welfare dominance [J]. Journal of economic ineuqal, 2011, 9 (4): 605 – 627.

[68] Blackburn M, Bloom D. What is happening to the middle class [M]. Washington D. C. : American Demographics, 1985.

[69] Becker G S, Tomes N. Human Capital and the Rise and Fall of Families [J]. Journal of Labor Economics, 1986, 4 (3): 1 – 39.

[70] Bjorklund A, Jantti M, et al. Nature and Nurture in the Intergenerational Transmission of Socioeconomic Status: Evidence from Swedish Children and their Biological and Learning parents [J]. Journal of Economic Analysis & Policy, 2007, 7 (2): 4 – 25.

[71] Bowles S, Gintis H. The Inheritance of Inequality [J]. The Journal of Economic Perspectives, 2002, 16 (3): 3 – 30.

[72] Bibi S, Duclos J Y, Araar A. Mobility, taxation and welfare [J]. Social Choice Welfare, 2014, V (42): 503 – 527.

[73] Chadwick L, Solon G. Intergenerational Income Mobility among Daughters [J]. American Economic Review, 2002, 92 (1): 335 – 344.

[74] Chakravarty S J, Dutta B, Weymark J A. Ethical Indices of Income Mobility [J]. Social Choice and Welfare, 1985, 2 (1): 1 – 21.

［75］Duclos J, Esteban J, Ray D. Polarization：concepts, measurements, estimation ［J］. Econometrica, 2004, 72 (6)：1737 – 1772.

［76］Dan A, Fredrik A. Stratification, Social Networks in the Labour Market and Intergenerational Mobility ［J］. The Economic Journal, 2007, 117 (52)：782 – 812.

［77］Esteban J M, Ray D. On the measurement of polarization ［J］. Econometrica, 1994, 62 (4)：819 – 852.

［78］Fields G, OK E. Measuring movement of incomes ［J］. Economica, 1999, 66 (264)：455 – 471.

［79］Foster J E, Wolfson M C. 2010. Polarization and the decline of the middle class：Canada and the U. S. ［J］. Journal of economic inequality, 8 (2)：247 – 273.

［80］Fields G, OK A E. Measuring movement of incomes ［J］. Economica, 1999, 66 (264)：455 – 471.

［81］Khor N, Pencavel J. Income Mobility of Individuals in China and The United States ［J］. Economics of Transition, 2006, 14 (3)：417 – 458.

［82］Krebs T, Krishna P, Maloney W. Income Mobility and Welfare ［C］. IMF Working Paper, No：WP/13/24, 2013.

［83］Milanovic B. A new polarization measure and some applications ［R］. World Bank development research, 2000.

［84］Molnar M. Income polarization in Romanina ［J］. Romanian Journal of Economic Forecasting, 2011 (2)：64 – 83.

［85］Mayer S E. The Influence of Parental Income on Children's Outcome ［R］. Knowledge Management Group, Ministry of Social Development, Te Manatū Whakahiato Ora, 2002.

［86］Nee V. The Emergence of a Market Society：Changing Mechanisms of Stratification in China ［J］. American Journal of Sociology, 1996, 101 (4)：908 – 949.

[87] Prais J S. Measuring Social Mobility [J]. Journal of the Royal Statistical Society, 1955, 118 (1): 56 - 66.

[88] Paul S. A Measurement of Income Mobility with An Empirical Application [C]. The 5th Annual Conference on Economic Growth and Development, New Delhi, India. 2009.

[89] Rossi M, Borraz F, Gonzalez N. Polarization and the middle class [R]. dECON_Working papers, 2011.

[90] Ruiz-Castillo J. The measurement of structural and exchange income mobility [J]. Journal of economic inequality, 2004, 2 (3): 219 - 228.

[91] Rodríguez J P, Rodríguez J G, Salas R. A study on the relationship between economic inequality and mobility [J]. Economics Letters, 2008 (99): 111 - 114.

[92] Shorrocks A F. The Measurement of Mobility [J]. Econometrica. 1978, 46 (5): 1013 - 1024.

[93] Susan E, Leonard M. Government Spending and Intergenerational Mobility [J]. Journal of Public Economics, 2008, 92 (1): 139 - 158.

[94] Solon G. International Income Mobility in the United States [J]. American Economic Review, 1992, 82 (3): 393 - 408.

[95] Shorrocks A. On the Hart measure of income mobility [C]. ISER Working Paper Series 20, Institute for Social and Economic Research, 1993.

[96] Shi X, Nuetah A, Xin X. Household Income Mobility in Rural China: 1989 - 2006 [J]. China Agri-cultural University, WPEM working paper, No. E001, 2009.

[97] Shorrocks A. The Measurement of Mobility [J]. Econometrica, 1978, 46 (5): 376 - 393.

[98] Thurow L C. The Disappearance of the Middle Class [N]. New York Times, 1984, F3, February 5.

[99] Van Kerm P. What Lies Behind IncomeMobility? Reranking and Distri-

butional Change in Belgium, Western Germany and the USA? [J]. Econometrica, 2004 (71): 223 – 229.

[100] Wolfson M C. When Inequality Diverge [J]. American Economic Review, 1994, 84 (2): 353 – 358.

[101] Wolfson M C, Foster J E. Inequality and Polarization – Concepts and Recent Trends [C]. Winter Meeting of the American Statistical Association, Ft. Lauderdale, 1993.

[102] Wang Y Q, Tsui K Y. Polarization Orderings and New Classes of Polarization Indices [J]. Journal of Public Economic Theory, 2000, 2 (3): 349 – 363.

[103] Zhang Y, Wan G H, Khor N. The rise of middle class in rural China [J]. China Agricultural Economic Review, 2012, 4 (1): 36 – 51.

[104] Zhao Y-j. Decomposition of concentration index using generalized linear model: analysis of socio-economic determinants of health inequality in the northern territory of Austrilia [J]. Regional and Sectoral Economic Studies, 2013, 13 (1): 183 – 194.

后　记

本书是在我博士后研究报告《我国贫富分化的传递机制及治理对策研究——基于收入流动视角》基础上，整理出版的。

在本书的写作过程中得到了我的老师、同事、朋友和研究生的大力帮助，在此表示衷心的感谢。同时，本书参考了同行大量的研究成果，在此一并表示诚挚的谢意！

本书是我近年来在收入分配研究领域的一些探索，由于水平有限，不足之处在所难免，恳请同行专家指正。

黄　潇

2016 年 6 月于重庆工商大学